JN063583

Quiet Kids Count

Chrissy Romano Arrabito

Unleashing the True Potential of Introverts

静かな子どもも大切にする

内向的な人の最高の力を引き出す

クリスィー・ロマノ・アラビト

古賀洋一・山﨑めぐみ・吉田新一郎 訳

新評論

訳者まえがき

現在、「主体的・対話的で深い学び」のスローガンのもと、小・中学校はもとより、高校でも「グループワーク」を取り入れた授業が見られるようになりました。たしかに、表面上は生徒が意見を活発に交流しているように見えます。ですが、その内容についてはどうでしょうか？　声の大きい一部の生徒だけの話し合い、深まりのない話し合いに終始していないでしょうか？　話し合いを深めるきっかけとなる意見をもっているのに、それを表に出せないでいる生徒はいないでしょうか？

一方、教師の見方はどうでしょうか？　発言の質よりも量を、声の小さな生徒よりも大きな生徒を高く評価してしまう傾向はないでしょうか？　その裏返しとして、声の小さな生徒を「指導の対象」や「改善が必要な生徒」と見なしていないでしょうか？

こうした傾向の背景には一つの問題があります。それは、「内向的な生徒（頭の中でじっくり考え、観察力が鋭く、一人でいることを好む生徒）」の個性や強みが理解されておらず、そうした生徒をいかす工夫が授業に組み込まれていないという問題です。

本書『静かな子どもも大切にする（原題：Quiet Kids Count）』は、内向的な生徒の個性や強みを教室でいかすことの大切さを主張し、そのための具体的な方法を紹介したものです。周囲が内向的な生徒に抱きがちな誤解を解きほぐし、秘められた可能性に目を見開かせてくれます。授業や学級経営、教室環境をほんの少し教師が工夫するだけで、こうした生徒が輝けることを本書は教えてくれます。

人間の内向性については、弁護士からライターに転身したスーザン・ケイン（Susan Cain）の著書が邦訳されたことがきっかけとなって日本でも広く知られるようになりましたが、その多くはビジネス・パーソン向けです。[1] それを学校教育の視点から扱った本は画期的だと言えます。また、本書では難解な用語や理論はほとんど述べられていません。著者の家族や同僚、生徒とのいきいきとしたエピソードが散りばめられ、それに沿って内向的な生徒の個性や教育の方法が紹介されています。そのため、読者が自身の経験と照らしあわせながら、イメージ豊かに読み進められるようになっています。こうした点でも、本書は魅力あふれる一冊だと言えます。

本書は「はじめに」と「おわりに」を含めて全8章で構成されています。「はじめに」から第3章では、内向的な人の個性と強みや彼らの置かれた息苦しい状況が、著者自身のエピソードを踏まえて描かれていきます。内向的な人の「真実と現実」を理解するための章だということができるでしょう。もちろん、内向的な人の強みを周囲が理解して学ぶ方法や、内向的な人が静かな時間と安心できる環境を得る方法も紹介されています。なかでも、訳者がとくに印象に残っているのは次の三点です。

一点目は、私たちが思っている以上に、周囲には内向的な人が存在しているということです。第3章では、アメリカの全人口の、実に三〇～五〇パーセントが内向的な人であるという研究結果が紹介されています。冒頭で述べたような授業においては、三分の一ないし約半数の生徒の個性が視野に入れられておらず、「強み」もいかされていないという事実に気づかされます。

二点目は、「内向的」とひと口に言っても、そこには多様なタイプがあるということです。本書では、著者自身や息子のクリストファー、娘のチェルシー、四年生のデレクなど、多様な個性をもった人々が登場します。これら一つ一つのエピソードからは、内向性／外向性の区別は区画整理された道路のようにはっきりとしたものではなく、混ぜあわされた絵の具のように、さまざまなグラデーションがあるということが伝わってきます。

人間の個性を二分するような考え方では、その中間に位置する生徒の存在は見えなくなってしまいます。大切となるのは、目の前にいる内向的な生徒は、それぞれ異なった内向性をもっていると認識することです。そうして初めて、一人ひとりをいかす授業や学級経営を探究する必然性[2]

(1)『内向型人間のすごい力——静かな人が世界を変える』(古草秀子訳、講談社、二〇一五年)などがあります。

が生まれてくるように思います。

そして三つ目は、内向的な生徒は弱い存在ではなく、外向的な生徒とは異なった強みをもっている存在であるということです。これが一番大事なポイントだと私たちは思っています。

内向的な生徒が不当な扱いを受けていると耳にすると、多くの人は「内向的な生徒が安心できる環境を」とか「内向的な生徒に配慮を」といったことを考えるでしょう。もちろん、そうした発想も大切ですが、それだけでは「内向的な生徒は弱い存在である」という見方が保持されたままとなってしまいます。見方そのものを転換して、内向的な生徒の強みをどのように教室でいかすのかについて考えることが大切です。

内向的な生徒は、相手の考えをじっくりと「聴き」、それらを整理して自らの考えを述べることができます。ほかの生徒が気づかないようなところに注目したり、興味のあることにとことん「夢中」になったりするのです。そうした彼らの強みは、クラスの学びを深めるものであると同時に、すべての生徒に身につけてほしい姿勢とも言えます。内向的な生徒は、周囲によい影響を与えることのできるパワフルな存在であるということを忘れてはいけません。

第4章から「おわりに」では、内向的な生徒が置かれた状況を解消し、その強みをいかしていく方法が詳しく紹介されています。取りあげられる内容は、意欲・態度面の評価やＩＣＴの活用、生徒と教師・生徒相互の信頼関係の構築、教室環境、グループワークの工夫、教師が「待つ」ことの大切さなど、かなり多岐にわたります。これらは、第5章で紹介される「トーキングサークル」をはじめとして具体的な例や写真とともに紹介されており、とても参考になります。

また、内向的な生徒は周囲に影響を与えることのできる存在である、という立場が一貫されていることも本書の大きな特色です。本書の邦題を『静かな子どもも大切にする』としたのも、そうしたメッセージを込めてのことです。

とくに、意欲・態度面の評価については、挙手や発表の回数といった表面的な振る舞いで成績をつけるケースがいまだに見られます。そうしないと客観的な評価にならないからでしょうが、生徒の意欲・態度は表面に表れるものがすべてではありません。著者は、「学びに対する習慣」を評価の対象にすべきだと主張しています。

> 私は、「授業参加」という現在の評価の対象の代わりに、「学びに対する習慣」を評価の対象とするよう彼らに提案しました。これは、話し合いに参加するために手を挙げたり、教師

（2）この考え方に基づいた教え方については、『ようこそ、一人ひとりをいかす教室へ』（キャロル・アン・トムリンソン／山崎敬人ほか訳、北大路書房、二〇一七年）を参照してください。

> に質問したりすることだけを指すものではありません。
>
> 　ペアやグループで協力して学びに取り組むことはもちろん、自分の学びに対する誇りや学びを大切にする気持ちを示すこと、適切な資料や道具を使って授業に備えること、割り当てられた家庭学習を完了させること、学びに対する前向きな姿勢をもつこと、他人や彼らのアイディアを尊重すること、そして学びのコミュニティーの一員になりたいという意欲を示すことなどが含まれています。（一〇一～一〇二ページ）

「学びに対する誇り」や「学びに対する前向きな姿勢」を、挙手や発表の回数で判断することはできるでしょうか？　著者と生徒とのエピソードが物語っているように、生徒のそうした姿勢や成長を見取るためには、生徒の書いたものや成果物を用いての長期的な「対話」が欠かせません。その意味でも、「学びに対する習慣」は、「形成的評価＝フィードバック」の繰り返しを通して確認していくものと言えます。

　訳者の一人である私（古賀）も、短いながら中学校教員を経験していますが、内向的な生徒は周囲の目がある状況ではほとんど発表しないという実感があります。ですが、個別の対話場面では驚くほど自分の考えを語るのです。活動のスピードが、ほかの生徒に比べると遅いという事実も確かにありますが、それは能力が低いからではないのです。いろいろ考えすぎてまとまらない、あるいは「自分の考えには価値がない」と思ってしまっているからです。

こうした生徒の思考を整理し、その価値を伝えるのが教師の役目です。最初はなかなかうまくいかないかもしれませんが、根気強く続けることが大切です。内向的な生徒が教師を信頼してくれたならば、その生徒は教師の助言を支えにどんどん自分の考えを伝えられるようになっていきますし、グループの意見を取りまとめて発表することもできるようになっていくのです。

また、ＩＣＴの活用に関して、昨今の状況から関心をもつ読者が多いと思います。私も、ＩＣＴの活用について情報を交換する機会が増えました。ですが、そこで見聞きする発言の多くは二つのパターンのどちらかとなっています。

一つは、遠隔授業の「欠陥」を補うための機能を紹介するものです。もう一つは、センセーショナルな機能や機器を紹介するものです。前者は、対面授業をＩＣＴに置き換えようとしているだけですし、後者はそれを使うことが生徒の学びにどのような影響を与えるのかといったことが視野に入っていません。こうした状況では、ＩＣＴを使う目的もメリットも分からないまま、一時の流行で終わってしまう可能性があります。

それに対して、著者が紹介するＩＣＴの活用方法は、「内向的な生徒が自分の考えを安心して表現でき、ほかの生徒がそこから学ぶ機会をつくりだす」という捉え方のもと、一貫したものとなっています。著者は次のように述べています。

秘密のコミュニケーションは、すべての生徒が自分の見方を表現することを可能にし、普段は聞こえてこない生徒の声を聴くことを可能にします。こうしたコミュニケーションでは、「すべて」の生徒が自分の声を表現することができます。周囲からの圧力を気にせずに問いを発し、活動に参加し、会話を続けることができるのです。忘れないでください。秘密のコミュニケーションは、教室での話し合いを単に置き換えたものではありません。量的にも質的にも「拡大」するものなのです。（一一六～一一七ページ）

こうした発想をもって、初めて私たちはICTのメリットが理解できるようになります。何よりも、教師自身が生徒の姿を想像しながら、ワクワクしながら授業をつくられるようになるのではないでしょうか。こうした発想は、第7章で紹介されている「グループワーク」の工夫においても貫かれています。

読者のなかには、授業や学級経営の方法が詳しく紹介された第4章以降を手っ取り早く読みたいという人もいらっしゃるかもしれません。ですが、私たち訳者としては、まずは第3章までをじっくり読んでいただきたいと思っています。内向的な生徒をいかす方法をいくら学んだとしても、彼ら／彼女らへの見方そのものを変えなければ、教師の意識しないところで「外向的な人こそが理想である」というメッセージを発してしまうことになりかねないからです。さらに、その結果として、「内向的な人は弱い存在である」という見方を強化してしまうことにつながってしまうからです。この点について、翻訳協力者の一人が、「子どもたちは教師の姿を映しだす鏡のような存在」であるとコメントしていました。

最後に、少し補足しておきます。本書において想定される読者といえば、もちろん第一に学校の教師となりますが、ほかの方々にとっても大いに参考となる内容になっています。

まずは、自分の子どもが内向的なことに不安を抱えている保護者の方です。内向的な子どもは、外向的な子どもとは違う強みをもっています。自分の子どもに不安を抱えるのは、社会が外向性を理想としているからです。ぜひ、子どもの強みを探し、思いっきりほめてください。第３章のブックリストを参考に、子どもを勇気づけてくれる本を一緒に選んでください。子どもを勇気づけ、自らの価値に気づかせてあげられるのは、親であるあなたしかいません。

次に、学校や企業で管理職を務めている方です。本書では、職場の研修や環境についても触れられています。周囲から誤解を受け、騒音やせわしなさに圧倒されて力を発揮できていない内向的な同僚がいるはずです。そうした人々が力を十分に発揮できるだけの研修機会や環境を整えることは、組織が成長していくうえにおいても不可欠です。何よりも、大人（教師）の見方や環境が変わらなければ、子ども（生徒）の見方や環境を変えることはできないのです。

最後に、図書館や児童館に勤務されている方々です。静けさを得るためにやって来る子ども、自分の個性を強みとして認識することができず、一人でいることに不安を抱えている子どもが来館していませんか。そうした子どもに、内向的な人の強みを共有できる本を手渡したり、静かなスペースを提供したりしてください。

このような方々をはじめとして、本書を読まれたみなさんが周囲の人々をこれまでとは違った視点で眺め、新たな一面や秘められた可能性に気づき、内向的な人に対する見方が転換することを心より願っています。

粗訳の段階で原稿に目を通していただき大変貴重なコメントをくださった大関健道さん、古賀真実さん、山田洋平さん、脇戸はるかさん、第3章のブックリストには収まらないほどのたくさんの本を紹介してくださった内田絢子さん、尾崎智子さん、実重和美さんに感謝いたします。また、武市一幸さんをはじめとする株式会社新評論のみなさん、そして何よりも本書を手にとってくださった読者のみなさんに心より感謝いたします。本当にありがとうございました。

二〇二一年五月

訳者を代表して　　古賀洋一

もくじ

静かな子どもも、大切にする——内向的な人の最高の力を引き出す

Chrissy Romano Arrabito
QUIET KIDS COUNT
Unleashing the True Potential of Introverts

Japanese translation rights arranged with Times 10 Publications
through Japan UNI Agency, Inc., Tokyo

はじめに——教育者たちへのメッセージ

次のような場面を想像してみてください。

先生がロッキングチェアに腰かけ、集まってきた生徒[1]がラグマットに座っています。先生はクラスの生徒に向かって本を読み聞かせているのですが、所々で読むのを中断して、質問を投げかけています。その質問について生徒が話し合っています。

最初に手を挙げるのはいつも同じ三人で、そのあと、ほかの生徒の手がチラホラと挙がりはじめます。何人かの生徒は、その様子を傍観したり、手を挙げるのをためらったりしています。窓の外を眺めながら、耳を傾けているだけという生徒もいます。

さて、あなたは、これらのうちどの生徒が内向的[2]な生徒だと思いますか？　多くの人は、「教師の問いかけへの反応を渋っている生徒や、明らかに白昼夢を見ている生徒がそうである」とすぐに答えるはずです。あなたにも分かることでしょうが、実は、この場面に登場しているすべて

---

(1)　本書では、「生徒」「児童」「学習者」「子ども」などは「生徒」で統一します。ただし、著者自身の子どもに関する話題のときには「子ども」と表記します。

(2)　「内向的」および「外向的」の意味については、第1章で詳しく説明します。

の生徒が内向的な生徒になり得るのです。

　私が小学生のころ、両親は保護者面談のたびに同じようなことを聞かされていました。「本当に活発な生徒ですね！」とか「授業やクラスメイトとの活動に対する参加姿勢に問題は見られません」、そしてこれが母のお気に入りなのですが、「たまには、ほかの生徒に機会を譲る必要があります」といったようなことです。

　中学生ごろになると、私は周りが期待したような生徒、すなわち自分の手は挙げずに、ほかの生徒に機会を譲るような人間になっていました。そのため私は、しっかりとした、熱心な生徒だと周囲から思われていたのです。

　今でも私は、会場の中央最前列に座ったり、最初に手を挙げたりするような人です。私が学会で基調講演を行ったり、教員研修を実施したりしている場面を見た人たちは、こうした振る舞いに特段驚くことはないでしょう。けれども、多くの人は知らないのです。ほかの人とかかわることへの不安をコントロールし、心を平穏に保つために、私が「先制攻撃」という対処法を小さなころから身につけていることを。

　もし、話し合いに早い段階で貢献することができれば、私の肩の荷はぐっと軽くなります。胃の痙攣（けいれん）や心臓の高鳴り、足の震えに気をとられることなく、学んでいる内容により集中することができるのです。これらすべての症状は、周りから注目されるかもしれないという不安が、たと

え一瞬にせよ、心に根差したことの表れなのです。(3)

今日に至るまで私は、会話に何かひと言つけ加えたいと思ったら、それを早めにしてしまうか、永遠に静かにしているかのどちらかです。一度それをやってしまうと、くつろいでリラックスし、学びに集中することができます。この「先制攻撃」という戦略は、私が小学生のころに身につけたものですが、その効果は社会心理学者によって十分に立証されています。この戦略によって得られる恩恵は、文句のつけようのないものです。

人間の内向性についての権威であるスーザン・ケイン(4)は次のように述べています。

「集団のなかで最初に話す人のアイディアは、周囲に大きな影響を与える傾向がある」

教師が私のことを「熱心な生徒」で「活発な学び手」であると見なしたのは、私が授業のなかですぐに発言していたからなのです。(5) 常にそうだったわけではないのですが、教師のそうした見方は実際の私を覆い隠し、多くの恩恵を与えてくれました。

---

(3)　周りから注目されるかもしれないという不安から生じる心臓の高鳴りと、それに対処するための「先制攻撃」については、読者のなかにも当てはまる（実践している）人が多いのではないでしょうか。

(4)　「訳者まえがき」でも紹介しましたように、数多くの本や記事をとおして、内向的な人が置かれた現状や、その魅力と強みを発信し続けています。

「内向的な人が秘めている力」と題されたケインのＴＥＤトーク(6)を視聴したとき、私は自分が何者で、どのような人間であるのかをより理解しはじめました。今、私は、自分が「内向的な人」であることをはっきりと自覚しています。とはいっても、昔ながらのステレオタイプな「恥ずかしがり屋で静かだ」と考えられているものとは少し違い、「適度に内向的」と言われるものです。これは、内向的な人のタイプとして、もっとも知られていないものの一つです。

私たちは、ほかの人とかかわる際にはウォームアップの時間を必要としますが、人付き合いを楽しむことはできるのです。私のような人を言い表す言葉としては、「控え目な人」というものがぴったりでしょう。

息子のクリストファーは、私と同じく内向的な人ですが、タイプが違います。彼は静かで、よく熟考する子どもです。新しい物事や会話をはじめようとするとき、後ろのほうに座って、その様子を眺めたり耳を傾けたりしていますが、自ら話そうとはしないのです。

息子は生まれたときから、まさに内向的な人でした。こうした気質は、幼少期の間でも見られました。大きな音といったような刺激にはかなり敏感で、新しいオモチャや人に対しては警戒心がいつもより強く働きました。それが理由でしょう。息子は、「環境とのかかわりに対して内向的な人」として知られていました。彼は、一人でいることや、人間関係を狭め、親密な状態になることを好みます。多くの人と交流すると消耗してしまうため、他人と過ごす時間よりも孤独を好んだのです。

周囲が熱狂するような祝祭日には、息子は自分の部屋で、その熱狂が収まるのをじっと待っているといったことがよくあります。最近では、家族の結婚式のとき、イヤホンをつけて会場の隅に座り、高揚と陽気さを避けていました。

保護者面談のたびに私は、予想したとおりですが、毎年同じようなことを聞かされます。「もっと授業やクラスメイトとの活動に参加する必要があります」とか「賢い生徒ですが、クラスでの話し合いにもっと加わってほしいと思っています」といったことです。それに対する私の反応は次のようなものです。

「あなたは、手を挙げる以外に、彼がクラスに貢献する方法を考えたことはありますか？」

夫と私は、学校での様子とは違うクリストファーの姿を知っています。たしかに、彼は家でも

（5）教師をしている翻訳協力者からは、「実際に授業をやっていても、手を挙げて発言はしなくともうなずきなどの反応がある生徒は意欲的な学習者だと感じてしまいます」というコメントがありました。自分が活発な学び手であることを見せるために、「うなずく」という対処法を使っている生徒がいるのかもしれません。
（6）ＴＥＤトークとは、アメリカのＴＥＤ社が毎年開催している講演会のことです。下のＱＲコードから日本語字幕付きで見られます。

静かです。けれども彼は、私たちが期待したときには、その機転のよさや親切心によって私たちを驚かせてくれるのです。私たちが気づかないときでも、常に周囲を観察したり、考えたりしているのです。学校のなかに適切な環境が整えられていれば、教師や同級生たちも、私たちが敬愛しているような彼の姿を見ることができるのに、と思っています。

しかし、何年もの間、何人かの教師たちが、「なぜクリストファーは静かで、自分の考えを周りと共有することをためらうのか」と嘆いていました。

そんな息子が真価を発揮したのは、四年生になり、ある教師の助けを得たときでした。その教師が何か特別なことをしたと思いますか？　いいえ、そのようなことはありません。クリストファーは変わることなく静かだったのですが、その教師は息子と会話する時間をとり、ただただ彼の個性を理解しようとしてくれたのです。

その教師は、息子が周囲の注目の的になることなく、授業や活動に貢献できる方法を考えようと努力してくれました。今、息子は高校生で、いまだに恥ずかしがり屋ですが、年に数回は自発的に手を挙げることができています。何という進歩でしょう！

さて、なぜ私たち親子の物語をみなさんと共有したと思いますか？　それは、教育者仲間としてのあなたに関係があります。新しい年度がはじまると、新しい生徒があなたの前に座ります。

どの学年・教科を担当しようとも、多様な生徒があなたの教室に座ることになります。そして、そこには、内向的な生徒もいれば、静かな生徒もいるし、そんなに静かではないけれども実は内向的な生徒もいるのです(7)。

彼らは決してトラブルメーカーではなく、多くの場面でよい成績をとる生徒です。けれども、気づかぬうちに背景に消えてしまうといった生徒でもあります。周りに見過ごされ、クリストファーのように誤解されてしまう生徒です。私たち教師は、内向的な生徒や静かな生徒に対して、彼らの本当の姿を知ることなくひどい仕打ちを行っているのです。

可能なかぎりよい教師になり、生徒にとっての最高のリーダーになるためにも、私たちは目の前の静かな生徒を理解し、教え、育てなければなりません。私たちは、彼らを見分け、支援する方法を学ばなければなりません。私たちはみんな、静かな生徒を教室に抱えているのです。

(7)　この一文からも分かるように、著者は「内向的な生徒」と「静かな生徒」を違う意味で捉えています。内向的な生徒とは、第1章で詳しく説明されますが、「静けさを好む生徒」のことです。また、静かな生徒とは内向的な生徒の代表的なタイプで、口数が少なく人前で話すことを好まない生徒のことです。これに対して、「静かではないけれども実は内向的な生徒」とは、本質は内向的であるものの、周囲に適応しようとするなかで無理に外向的に振る舞ってしまう生徒のことです。本書のなかで著者が念頭に置いているのは、自分の息子に代表される「静かな生徒」です。「静かではないけれども実は内向的な生徒」については、第3章の事例で詳しく扱われています。

それだけではありません。廊下の先や隣の部屋には内向的な同僚もいます。内向的な人にどのようなタイプがあるのかについてより理解し、多くの誤解を解きほぐし、彼らがすべての潜在能力を発揮することを助けるヒントや方法を得るためのガイドとして、本書を使ってください。

何よりも大切なことは、本書を読むことで、あなたがすべての生徒、とくに静かな生徒をいかす方法を学び、可能なかぎり最高の教師やリーダーになることです。

第1章

内向的な人の真実
――彼らがあなたに知ってもらいたいこと

たまに話さなくなるからといって、僕を叱らないでください。
あなたの声は、頭の中でガンガンと響くんです。（作者不詳）

このような顛末について、まったく聞いたことがないでしょう

基本的なことからはじめましょう。今日、人間の内向性と外向性に関する話題が盛んになっています。内向性／外向性という考え方はどこから来たのでしょうか？　この言葉を世に広めるきっかけとなったのは、分析心理学の創始者カール・ユング（Carl Gustav Jung, 1875～1961）が一九二一年に著した『心理学的類型』(1)という本です。

ユングの理論は、次の二つのアイディアに基づいています。一つ目は、個人にはそれぞれに心理的なタイプがあるということです。二つ目は、人間は生活を送るなかで、物事を「把握」し、「決

断」するという大切な二つの機能を使っていることです。(2)

ユングは、人間の内向性と外向性は根本的に異なるカテゴリーであり、その間には多くの中間が存在すると考えていました。「外側の世界と内側の世界のどちらからより多くのエネルギーが得られるかは、個人によって違うようである（外側の世界からより多くのエネルギーが得られる場合は外向的な人、内側の世界からより多くのエネルギーが得られる場合は内向的な人）」とユングは述べています。

このユングの理論は、人間の個性や振る舞いをテーマとした著作家でもあり、教師でもあるキャサリン・ブリッグス（Katharine C. Briggs, 1875～1968）によって発展し、キャサリンの理論は、娘のイザベル・ブリッグス・マイヤーズ（Isabel Briggs Myers, 1897～1980）によってさらなる深みがもたらされました。

マイヤーズは、作家であると同時にＭＢＴＩ（Myers-Briggs-Type-Indicator・マイヤーズ・ブリッグズ・タイプ指標）(3)として広く知られている「個性診断テスト」の共同開発者でもあります。ＭＢＴＩはとても有用で、今日では、高校生や大学生が進路や就職先を決定する際に行われる学校からの支援のときなど、広く使われるようになっています。

しかし、ＭＢＴＩの有用さはそれにとどまりません。ＭＢＴＩは、その人が物事のどこに注意を向けがちなのか、どこからエネルギーを得ているのか、どのように情報を取り入れて判断を下すのか、どのようにして外の世界に適応しようとしているのかといった傾向を調べるために設計されているのです。そのため、カウンセラーはMBTIを使って、クライアントが自分自身をより良く理解したり、自分の強みをいかす方法を学んだり、弱みに対処する方法を見つけたりすることを支援しています。

マイヤーズ・ブリッグズ・カンパニー社（Myers-Briggs Company）の調査部門の責任者であるリッチ・トンプソン（Rich Thompson）氏は、「MBTIは、個人の好みがその人の思考や行動にどのような影響を与えるのかを発見するための第一歩になる」と言っています。教育者としての私たちの仕事の一つは、目の前にいる生徒から最高の力を引き出すことです。MBTIは、

（1）この本は、日本でも多くの完訳・部分訳が出版されています。古代からの精神分析史の考察も含む書物ですが、ここで紹介されているポイントのみを知りたい方には、『心理学的類型』（吉村博次訳、中央公論新社、二〇一二年）がおすすめです。比較的安価で、入手しやすいです。

（2）ユングのタイプ論は、「内向性／外向性」というエネルギーの獲得／放出の仕方、「物事の把握の仕方（詳細に着目する／全体像に着目する）」、「決断の下し方（論理的／感情的）」を掛けあわせて、八つのタイプから人間の個性を類型化するものです。

（3）MBTIとは、アンケートへの回答をもとにして、回答者の個性を一六タイプに分類するものです。日本MBTI協会のホームページ（https://www.mbti.or.jp/）によると、回答者を分類することだけが目的ではなく、それをきっかけにしながら専門家の支援のもとで回答者の自己理解を深めていくことが目的であるとされています。

「なぜ、私たちはそのように考え、行動するのか?」という問いに答えてくれます。もし、私たちが「生徒はなぜそのように考え、行動するのか?」や「生徒の個性は、内向性/外向性の間のどこに位置するのか?」について理解することができれば、すべての生徒に対して、もっと効果的な授業やさまざまな教え方を行うことができます。

オンライン上には、この種の個性診断テストがたくさん出回っています。QRコードをスキャンすると、ネリス社(NERIS)が提供している個性診断を無料で受けることができます。あなたが、内向性/外向性の間のどこに位置しているのか分かります。(4)

本書では、内向的な人についての考え方を少し簡単にして、「自分の頭の中でじっくり考え、観察力が鋭く、一人でいることを好む人」と定義しておきましょう。彼らは、公的な場と私的な場で異なる顔をもっています。静かな環境のほうがリラックスでき、エネルギーを得ることができる人です。つまり、内向的な人は外の世界に対して刺激過多となってしまうので、周囲から離れてたびたび一人になることが必要なのです。

一方、外向的な人は、言うまでもなくその正反対に位置することになります。(5) より刺激の多い環境を好み、おしゃべりで、社交好きに見える人のことです。彼らは、周囲とのかかわりからエネルギーを得ることができ、公的な場でも私的な場でも振る舞いがほとんど変わりません。(6)

目の前の静かな生徒に最高の教育を提供し、静かな同僚と最高の仕事を成し遂げるためにも、人間の内向性は、生徒一人ひとりをいかす教え方[7]をする際に注意しなければならない要素なのです。

ここまでの内容を具体化する方法——誤解を取り除こう

教師も含めた多くの人は、内向的な人はすべて恥ずかしがり屋で社交嫌い、そして無礼である

（4）日本語でも、「無料個性診断テスト」で検索するとさまざまなサイトが見つかります。注意してご利用ください。

（5）翻訳協力者から「一人でいるのが好きでありながらも周囲の目が気になり、周囲に誰かいてほしいという場合は内向的と外向的のどちらに属するのでしょうか?」というコメントがありました。本書の区別に従うならば、周囲に適応しようとするなかで無理に外向的に振る舞ってしまう人が該当するように思います。こうした生徒については、第3章で詳しく扱われています。

（6）訳者がこれら以外に読者に大切にしてほしいと思うのは、マルチ能力とマインドセットです。前者は八つないし九つの能力タイプが、後者は成長と固定の二種類のみがあります。どちらも、学ぶ際および社会に出てから物事への対処の仕方に大きく影響を及ぼします。

（7）日本ではまだ知られていませんが、多様な生徒たちに対応するための教え方の中心に欧米では据えられていることの一つです。詳しくは、『ようこそ、一人ひとりをいかす教室へ』（前掲、北大路書房）を参照してください。

とすら思いこんでいます。実は、内向的な人のなかには、これらのどれにも当てはまらない人がいるのです。それでは、これから内向的な人に対する偏見や誤解を取り除いていきましょう。彼らがもつ個性を明らかにし、その最高の力を引き出すための方法を紹介していきます。

取り除くべき誤解（その1）――内向的な人は会話が好きではない

内向的な人が静かな環境を好み、空間いっぱいに自分の声を響かせて話すことのない人であったとしても、それをもって彼らが「会話好きではない」ということにはなりません。内向的な人の多くは、そこで行われている会話に対して、価値のある貢献ができると思ったときや、興味のあるテーマの会話に誘われたときには積極的に話すのです。

一例として、私が息子を学校に送っていくときの様子を紹介しましょう。

私たちは、車中の一〇分間を沈黙のなかで過ごしています。それでよい、と二人とも思っています。私たちは、一日のはじまりにクラシックロックをゆっくりと聴くことが好きなのです。たとえ会話を行うときでも、息子はひと言で返事をするか、肩をすくめるか、微笑を浮かべるぐらいです。ちなみに、娘が「陽」だとしたら、息子は間違いなく「陰」です。娘に何かを尋ねたら、きっと一日中話していることでしょう。

そんな息子ですが、自分が興味あることについて話すときは、話が止まらないということがあります。彼は最近、『ザ・フラッシュ（THE FLASH）』[8]というテレビドラマをネットフリックス（動画配信サービス）で見はじめたのですが、それから三日間、その話ばかりをしていました。彼がこのドラマのことを魅力たっぷりに話すので、私まで見はじめてしまったほどです。

次に、ティナという女の子の例を紹介しましょう。彼女は、私が三年生から四年生まで二年間担任をしていた女の子ですが、静かで控えめな生徒でした。授業中に手を挙げたり、クラスメイトと話したりしている姿はほとんど見たことがありません。グループやペアの会話であっても同じです。

年度の早い時期、彼女のことを知ろうといろいろなことをやっているうち、ポケモンと絵を描くことが大好きであることが分かってきました。誰にも、何も話さない生徒であったにもかかわらず、私がポケモンについて尋ねたとき、彼女は早口でまくし立ててきたのです。

方法――静かな生徒や同僚をよく観察し、彼らが一番興味をもって話すテーマを探りましょう[9]。可能ならば、それを授業のなかに取り入れるのです。彼らが一番快適な方法で、一番ワクワクで

（8）超人的な治癒能力と「閃光」のように高速で移動する能力を得た主人公バリー・アレンが、「フラッシュ」として悪と戦う姿を描いたアクションドラマです。二〇二一年現在、シーズン６まで放送されています。

きるテーマのもとで、学びに取り組める機会をつくりましょう。話し合いに対して、価値ある発言や専門家のような発言を行うことができると気づいたならば、彼らは心を開き、自由に話しはじめるはずです。

取り除くべき誤解（その2）——内向的な人はすべて恥ずかしがり屋である

内向的な人はすべて恥ずかしがり屋であるという誤解はもっとも一般的なもので、ステレオタイプ化さえしています。けれども、内向的であることと恥ずかしがり屋であることは同じではないのです。スーザン・ケインの個人サイトである「静かな革命（Quiet Revolution）」[10]には、次のように書かれています。

「恥ずかしいという感情は、周囲からの否定的な評価を恐れることから生じるものであり、内向的であるとは、静かで刺激の少ない環境を好むことである」

つまり、恥ずかしがり屋であることと内向的であることは同居しえるものですが、内向的な人が常に恥ずかしがり屋であるというわけではないのです。内向的な人は、周囲とかかわることを恐れているのではなく、かかわるだけの必然性を感じていないだけなのです。

息子はまさに、恥ずかしがり屋かつ内向的な人の典型です。彼は自分から会話をはじめたり、来客を一番に出迎えたりするような子どもではありませんが、信頼できる友人をもち、ひとたび友情で結ばれたならば、最後までそれを貫き通すような子どもです。それを守るためなら死んでもよいと思えるほどの固い絆で結ばれた、数人で構成されているグループの一員なのです。

息子とは対照的に、娘はとても付き合いが広く、周囲の注目を集め、中心となって場を盛りあげることを楽しむ子どもです。私自身は、息子とは少し違って、特定の状況においてのみ恥ずかしがり屋になってしまいます。とはいえ、人と話したり、会話を進めたりすることに問題を抱えているわけではありません。

たしかに、周囲の注目を集めることは好きではありませんし、私のことを「場を盛りあげる人」とは誰も思っていないでしょう。しかし、多くの交流の場においては自分自身を保つことができています。そう、私は、特定の状況においては恥ずかしがり屋になってしまうということです。

数か月前、私は地方で開催された学会でスピーチを行いました。そこで話した内容は極めて個人的なもので、この話題を公に話したのは初めてでした。演壇に立つ前はかなり緊張していまし

---

(9)　翻訳協力者から「興味関心について学年がさがるほどオープンに話してくれるが、学年があがるほどあまり話さなくなるので、そういうときの引き出し方が自分の課題です」というコメントがありました。小学校高学年や中学生の興味を探るための方法は、第４章で詳しく紹介されています。

(10)　興味のある方は、https://www.quietrev.com/ で検索してください。すべて英語ですが、ケインのブログや、内向的な生徒をもつ教師や保護者向けのガイドブックを読むことができます。

たが、ひとたび話しはじめてからは、まるで自分の家にいるような感じがしました。その会場には二〇〇人もの聴衆がいたにもかかわらず、です。この心地よさは、スピーチが終わるまでずっと続きました。

スピーチが終わったあと、私は聴衆にお礼を言って頭を下げ、自分の席へ戻ろうとしました。そのときから私は、「会場の外に出て、何を食べるか」ということで頭がいっぱいでした。スピーチをすることに対する不安感でその日は何も食べることができなかったので、お腹がペコペコだったのです。

席に戻ると、友人が私の肩に腕を回しながら、「素晴らしいスピーチだったわ！」と言ってくれたので、改めて会場を見回してみました。そこには、信じられないような光景が広がっていました。聴衆のみなさんが、スタンディングオベーションで私を迎えてくれていたのです。

そこからの三〇分間、いろんな人が次々と私のもとへやって来て、スピーチに込められたメッセージが力強く心に響いたことを話してくれました。見ず知らずの人までもが私にハグをし、握手をしながら、自分の経験について語ってくれました。

困惑しつつも、私は愛想よく振る舞っていましたが、正直なところ「この場を離れたい」とひそかに願っていました。思いの丈をぶつけてくれるような、素敵な人の話を聞きたくないというわけではありません。ただ、居心地が悪かったのです。人生における最高の瞬間の一つであったわけですが、私はそれを楽しむことができなかったのです。私は、何て人付き合いが苦手なのでしょう！

内向的であることと恥ずかしがり屋であることの違いについて、分かっていただけたでしょうか。内向的な人は、表面上は恥ずかしがり屋に見えるかもしれませんが、実はすぐれた聴き手であり、観察者でもあるのです。

これまで私は、新しい活動やゲームに取り組むとき、すぐには手を出さず、ほかの人がしている様子を観察し、すべてを理解しようとしている生徒をたくさん見てきました。私の息子や兄弟も、そして私自身もそうです。未知の物事に出合った際、一番に飛びついてやってみるということは決してありません（少なくとも人前では）。まずは、ほかの人がどのように問題を解いたり、ゲームで遊んだりしているのかを眺めながら観察し、詳細を把握することに努めるのです。実際にやってみるのはそれからです。決して恥ずかしいからではありません。単に、注意深いだけなのです。

方法——目の前にいる静かな生徒を観察し、彼らの内向性のなかに恥ずかしがり屋が同居していないかどうかについて、とくに注意を払うようにしましょう。そうすれば、彼らが学びに夢中になるための方法に気づくはずです。それらをいろいろと試していくうちに、彼らがどのような場所をもっとも快適だと感じており、どのような状況であればチャレンジすることを受け入れるのかについて発見することができます。励ましを必要とする静かな生徒や、学びに夢中になるにはそれなりの理由を必要とする恥ずかしがり屋の生徒も含めて、すべての生徒が教室で交流することに対して必然性がもてるようにしてあげてください。

表1－1を見てください。これは、恥ずかしがり屋の生徒、内向的な生徒、外向的な生徒の周囲との付き合い方を比較したものです。

表１－１　生徒の性格別の付き合い方

	恥ずかしがり屋	内向的な生徒	外向的な生徒
普段の会話では……	必要なときだけ話す。	相手の話をよく聴き、励ます。	進んで話しはじめ、夢中になる。
自分にとって周囲の人々は……	自分を不安にさせたり、緊張させたりする存在である。	あとで充電が必要なほど、エネルギーを吸いとる存在である。	エネルギーを与えてくれる存在である。
初対面の人とのやり取りは……	避ける。	社交辞令のみですませる。	誰とでも何でも話す。
自分の考えを話すことは……	そもそも、自分の考えを尋ねられたくない。	自分の考えを話す前に、じっくり考えたい。思ったことを正直に指摘する。	自分の考えや思いつきを言葉にすることを好む。中身がない発言を行うこともある。
自分にとって、話し合いのなかの沈黙は……	気まずい。	話し合われている内容を吟味する時間。	話し合われている内容を吟味する時間。

取り除くべき誤解（その3）――内向的な人は無礼である

内向的な人は、多くの外向的な人とは違って一見したところ友好的ではなく、適当にお茶を濁すこともしません。感情を表に出すこともないため、不当な評価を受けています。冷静に物事を考え、正直で、思ったことを指摘してしまうというのは内向的な人の特徴なのです。このような傾向は、ほかの人と交流する場面において悪い方向に働いてしまうことがしばしばあります。

『ビッグバン★セオリー（The Big Bang Theory）』(11)というテレビドラマの主人公の一人であるシェルドン・クーパーは、内向的な人が周りから無礼な人だと思われていることを示す格好の例となります。(12)彼は適当にお茶を濁すようなことは言わず、単刀直入にものを言うことを好む人です。多くの人が、このような彼の振る舞いをテレビ越しに面白おかしく見ているわけですが、実生活においてこうした振る舞いをされたら、きっと「無礼なやつだ」というレッテルを貼ることでしょう。

(11)　大学の物理学者で、アパートのルームメイトでもあるレナード・ホフスタッターとシェルドン・クーパーを主人公としたラブコメディです。二〇〇七年から二〇一九年にかけて「シーズン12」まで放送され、完結しました。

(12)　クーパーは初対面の人と会うとまったくの無口になってしまうなど、恥ずかしがり屋の一面も備えています。ただし、そうした相手に対しても、自分の研究の話になると饒舌になったり、来客が座っている席に対して「そこは自分の席だからどいてくれ」と要求するところもあり、内向性と恥ずかしがり屋とが同居している人物です。

かくいう私も、二〇代後半のころは「氷の女王」として周囲に知られていました。私の無愛想さが、無礼だと誤解されたのです。出勤して同僚と挨拶を交わしたあとは、人間関係のグチに付き合うこともなく仕事をはじめていましたし、仕事について話すときに「調子はどう？」と前置きをすることもありませんでした。そう、私は「生真面目(きまじめ)人間」になってしまう傾向があったのです。そのことを自覚したのは、「あなたの率直な言い草は人を傷つけるよ」と友人に指摘されてからです。

その友人（彼）の指摘による心の痛みが癒えたころ（相手の反応を敏感に受け止めてしまうというのが、内向的な人が思ったことを心に閉じこめておくもう一つの理由です）、具体的にどんな振る舞いが好ましくないと感じたのか尋ねてみました。彼の見方に触れたことで、ようやく彼が言ったことの意味が分かりはじめました。『ビッグバン★セオリー』シリーズの後半に描かれているシェルドンと同じように、相手を不快にさせないためには、自分が話す内容だけでなく、話し方についても配慮しなければならないと気づきはじめたわけです。

方法――職場での会話やグループワーク、教室でのやり取りの際、内向的な人が単刀直入な言い方をしていないかよく観察してください。もし、ほかの生徒や同僚が、これまでに述べた内向的な人の個性を理解していなかったり、腹を立てたりしているようなら、その場に介入し、その個性を受け止めて肯定してあげるとよいでしょう。グループやクラス、あるいはほかの教師の前で、物事の核心をズバリと突いてくる能力を褒めてあげてください。その陰で、本人に対しては、周囲に気を配ったり、話し合いを通して人間関係を築いたりする努力をしてみるようにと、そっと提案することもできます。

取り除くべき誤解（その4）――内向的な人はたむろすることを嫌う

内向的な人は一人でいることを好むのですが、常にそうではありません。たしかに、派手なパーティーや盛大なイベント、他人と世間話をしなければならないといった状況は内向的な人を疲れさせることになります。彼らは、より親密な関係を好むのです。彼らにとっては、自分が自分のままでいられる会話が一番なのです。大規模な集会に参加したときには、ほかの人と同じように楽しい時間を過ごすことができるのですが、すぐにうんざりしてしまいます。

内向的な人の多くは、親しい友人との関係を大切にすることに価値を置いています。ひとたび彼らと友人になったら、あなたは彼らの誠実さを目の当たりにすることになるでしょう。内向的な人は、正真正銘の友人と時間を共有したいと強く願っているのです。

話は変わりますが、私が子どものころ、両親は集会に行く準備をしながら次のような会話をよくしていました。

母は集会に行くことがどんなに楽しいか、友人と一緒に過ごすことがどんなに素晴らしいことなのかについてしきりに話していました。一方、父は、椅子に座って母の準備を待っているのですが、その顔には苦痛の表情が浮かんでいました。「本当に行くの?」、「どれくらいいるの?」、「何時になれば失礼なく帰れるかな?」と、不安そうに尋ねていました。

父は友人をとても大切にしており、幼いころから付き合いが続いている友人もいますが、大規模な集会になると心が落ち着かなくなってしまうのです。そのため母は、父の社交性のなさを嘆き、「毎回そんなに早く帰ったら、ほかの人が心配して連絡を寄こすんじゃないの?」と心配ばかりしていました。

こんな父に対して、母はまさに外向的な人です。人と集まり、いろいろなことを語り尽くすのが大好きなのです。彼女はいろいろなグループから誘いを受けていますが、それを断ったところを見たことがありません。現在、母は九〇歳になったばかりですが、今でもカトリックの集会に毎月出席したり、ビンゴなどのレクリエーション大会に参加したりするほか、さまざま委員を務め、老人クラブの主要メンバーとして活動しています。けれども、父が同行するときには、あらかじめ帰る時間を設定し、父が満たされてしまったらそっと会場を後にしています。

前述したように、娘のチェルシーは外向的な子どもと見なされていますが、実は内向性もあわせもっています。祖父や弟、そして私と同じように、社交の場から休息することを必要としています。パーティーに行って友人と過ごすことは大好きですが、ひとたび満たされてしまうと、家に帰ってパジャマに着替え、ブランケットを体にかけて、飼っている猫を一人でかわいがるのです。心が満たされてしまい、周囲からの休息を得たくなったときの心情を、「いつもの場所で安住したい気分なの」と娘は表現していました。

現在、息子のクリストファーは高校生になっています。彼が進学するにあたって[13]私たちは、新しい学校に馴染むための方法をいろいろと探してみるように、とすすめました。その学校には四〇以上ものクラブ活動があるほか、スポーツをする機会がたくさんあったからです。

最初の一か月、半ばを過ぎたころに彼は演劇クラブに入り、秋の公演に向けて裏方の仕事にチャレンジしました。この公演は大盛況でした。彼自身も新しい友人ができ、練習を一度も休むことがありませんでした。少なくともこの段階では、自分の居場所を見つけたようでした。けれども、彼は打ち上げパーティーへの招待を断ってしまったのです。

私からすれば、驚くようなことではありません。何週間も練習し、さらには三夜連続で五時間以上も舞台裏にいたわけですから、彼は満たされてしまったのです。家に帰ってリラックスし、本来の自分に戻りたかっただけなのです。彼は演劇クラブが大好きで、新しい友人と一緒にいる

(13)　アメリカの高校は日本とは違って、九年生から一二年生まで四年間通います。

ことも楽しんでいます。しかし、チェルシーと同じく、休息が必要なときがやって来るのです。

このように、内向的な人でも、人と一緒に過ごすことを心から楽しむことができます。ただ、それが長期間続かないため、こまめに「安住」の機会を確保して、休息をとることが大切となります。

方法――クラスにいる内向的な生徒をよく観察し、学校の喧騒(けんそう)から「安住」する機会を定期的につくることができるかどうか見極めましょう。そして、自然に休憩ができたり、少しでも安心できる時間をつくりましょう。本書には、「お昼仲間」や「静かなコーナー」をつくったり、生徒に「メモの配達係」(14)を頼んだりなど、たくさんのアイディアが書かれています。ほんの少しの休息さえあれば、内向的な生徒は自分の学びに熱中することができるのです。

取り除くべき誤解(その5)――内向的な人はどこか異常で、「修理」が必要な存在である

内向的な人は、無理に外向的な人のように振る舞う必要はありません。これまで、多くの教師が静かな生徒にグループワークを先導させようとしたり、劇に出演させようとしたり、外向的な生徒とペアを組ませたりしている様子を見てきました。しかし、内向性というものは「克服」すべき対象ではないのです。

内向的な生徒に向かって、「あなたは静かすぎるから殻を破りなさい」などと言うのは、無神経で失礼なことです。人間がもっている内向性は、そもそも「修復」する必要はないのです。私たちは、その人がもっている個性をもっと尊重するように心がけるべきです。

私が働いている学校では、「ディワリ」[15]というヒンドゥー教のお祭りが毎年開催されています。そこでは、祝日を祝う各国の伝統料理がたくさん並び、陽気で楽しい催し物が行われます。

希望すれば、教職員は消えるタトゥーを体に施し、美しいサリーに身を包むこともできます。働きはじめて一年目、私はこの祭りに参加することを楽しみにしていました。そして当日、自分の手と腕に精巧なタトゥーを施し、サリーに身を包み、ヒンドゥー教の光の祭典がかもしだす芳醇な空間を味わっていました。

もし、あなたがこの場にいてサリーを着ていたら、いつの間にかステージに上がるように言われ、ヒンドゥー教の伝統的な踊りに参加するはめになっていたでしょう。何と、保護者がこちら

(14)「お昼仲間」については第5章で、「静かなコーナー」をつくることと、生徒に「メモの配達係」を頼むことについては第6章で詳しく説明しています。「メモの配達係」は、ほかの教師やスタッフにメモを届けるために教室を抜けだして、一人になる時間を提供するという方法です。

(15) 毎年一〇月から一一月（ヒンドゥー教の新年）に行われる祭りです。大量の素焼きの器に火を灯し、それらを寺院などに並べることから「光のフェスティバル」とも呼ばれています。

にやって来て、「教師も踊りに参加するように」と言ってきたのです。

私は自分の席で見ているからいいと断ったのですが、しつこく誘われました。副担任の先生も、ステージに上がって保護者と一緒に踊るようにけしかけてきました。私が再び断りを入れようとしているうちに、とうとう生徒のほうがいら立ち、私に向かって、ステージへ上がるようにと繰り返し訴えはじめました。もう、どうすることもできない雰囲気でした。仕方なく私はステージに上がって踊りましたが、周りの目が気になり、不快な気持ちが募るばかりでした。

このような出来事は、現在の学校では頻繁に起きているように思われます。すなわち、内向的な生徒に対して、「あなたも外向的になれるよ」とけしかけているのです。その人の個性を尊重することなく、むしろ外向的な生徒に変えようとしているのです。

内向的な人の多くが、「自分の殻を破って、外向的な人のように振る舞いなさい」と言われたという苦痛に満ちた記憶をもっています。この種のメッセージは、小さなときから大人になるまで継続して発せられています。

もし、あなたが、「もっと大きな声で話しなさい」、「自分の殻を破りなさい」、「恥ずかしがらないで」、「もっと自己主張しなさい」、「いつも深刻に考えなくてもいいんだよ」などと言われたことがあるならば、内向的な人が経験してきたことが理解できるはずです。「あなたは変わるべきだ」と何年も言われ続けてきたことによって、静かな生徒や大人は、自分には欠陥があると信じこんでしまうのです。[16] 彼らは自らの内向性を、克服しなければならない障害とか、人格における欠陥だと見なしているのです。

方法――内向的な生徒に対して頻繁に送っている、もっと外向的な生徒になるべきだというメッセージを変えるようにしてください。すべての生徒の個性を称賛し、受け入れるとともに、内向的な生徒が、教室での学びを充実させるだけの価値ある個性を備えていると理解してください。彼らが静かな人格をいかして学びに取り組めるような機会を提供するなかで、彼らの個性を褒め、自分自身を肯定するように支援しましょう。[17]

(16)　翻訳協力者から「画一的な、ステレオタイプな見方や考え方による教師や大人の指導・言動、時にはマスコミによって、もたなくてもよい思い込みや不合理な信念、イメージが心に醸成されてしまうのですね」というコメントがありました。一番の問題点は、外向的な人こそが理想であるというイメージ（ひるがえって、内向的な人には欠陥があるというイメージ）を、大人も生徒も「知らず知らずのうちに」もたされていることです。

(17)　教師自身が生徒一人ひとりの「個性」を受け入れることが、その「個性」をいかした授業を行うための大前提となります！

もし、あなたが、「もっと大きな声で話しなさい」、「自分の殻を破りなさい」、「恥ずかしがらないで」、「もっと自己主張しなさい」、「いつも深刻に考えなくてもいいんだよ」などと言われたことがあるならば、内向的な人が経験してきたことが理解できるはずです。

明日からやってみよう

これまでに述べてきた、ありがちな誤解についてじっくりと振り返ってみてください。そして、あなたがこれまで受けもってきた生徒、現在受けもっている生徒のことを思い出してください。おそらく、生徒を誤解してきたことが何度かあったのではないでしょうか？　大丈夫です。誰もが的外れな判断をしています。

本書では、目の前の生徒だけでなく、同僚、管理職、周囲の人々をより良く理解するための考え方と方法を身につけるための「種」を提供しています。忘れないでください！　この世の大多数は内向的な人なのです。私たちは、内向的な人に対して「ほかの誰かになりなさい」と言うのではなく、今の自分を大切にし、そのまま成長していけるような機会をつくりださなければならないのです。

自分への置き換えノート

・マイヤーズ・ブリッグズ・タイプ指標（ＭＢＴＩ）をオンラインで受けてみてください。教師であるあなたの個性／気性は、教室のどのような場面で現れているでしょうか？

回答

・教師としての自分や生徒の多様な個性をクラスでバランスよくいかしていくために、何ができるでしょうか？

回答

教師や生徒の個性について、同僚や教師仲間と話題にしたり、失敗談や成功談について語りあったりしてみませんか？

内向的な人は手を挙げよう
——内向的な人の素質を育てる

私たちが最も深く恐れているのは、私たちが不十分な存在であるということではない。私たちが最も深く恐れていることは、私たちが計り知れないほどに力に満ちた存在であるということである。私たちを最も怯えさせるのは私たちの闇ではなく、光である。私たちは自問します。「私が素晴らしく、ゴージャスで、才能があって、信じがたい存在だなんてことはあり得ない」。（マリアン・ウィリアムソン『愛への帰還　光の道「奇跡の学習コース」』大内博訳、太陽出版、二〇一九年、二〇四ページ）

西洋社会においては、話し好きで活発で、社交的な人こそが幸せで、すぐれたリーダーであるという価値観が、幼いころから押しつけられてきました。静かで内向的な人のことを、「奇妙な人」とか「無礼な人」と私たちが見なしてしまうのは、こうした価値観があるからです。

たしかに、内向的な人は時として控え目かもしれませんが、そこには思いがけない利点もあります。内向的な人と外向的な人は、それぞれが異なった強みと弱みをもっているのです。静かな生徒がいきいきとする授業を行い、その強みをほかの子どもも学べるようにするためには、私たち教師が静かな生徒の強みを発見し、価値が認識できるようにならなければなりません。内向的な生徒に「あなたは間違っている」と教えるのではなく、外向的な生徒に「内向的な生徒から学ぶべきことがたくさんある」と教えるのです(1)。

それでは、内向的な人がもつ強みとは一体何でしょうか？　どのような部分を学ぶべきなのでしょうか？

 内向的な人はよい聴き手である

リサ先生は、ニュージャージー州の中学校教師です。彼女は、学年会議では静かにしていることが多く、素晴らしいアイディアや強い意見があるにもかかわらず、じっと座ったままで、話し合いを先導することはほとんどありません。しかし、彼女は鋭い人で、熱心な聴き手なのです。もし、あなたが学年会議のメンバーであれば、会議後にリサ先生からのメールを受け取ることになります。会議の内容を要約し、それを踏まえつつ自分の考えが述べられたそのメールに、きっとあなたは助けられることでしょう。

それでは、彼女はなぜ会議中に発言をしないのでしょうか？　なぜ、会議が終わってから発言

をするのでしょうか？

外向的な人の目には、こうした振る舞いは奇妙で不快なものに映るでしょう。しかし、自分の発言を少なくして、相手の話をよく聴くことは、私たちの社会においてはもっと評価される振る舞いだと言えます。リサ先生のように、内向的な人の多くは素晴らしい聴き手なのです。このような特性は強みであり、彼らが世界とより良くつながるためのものです。また、この強みは、学校や人生で有意義な人間関係を築き、成功を収めるために欠かせないものでもあります。

『内向的な人のためのセルフプロモーション法（Self-Promotion for Introverts）』（未邦訳）の著者であるナンシー・アンコヴィッツ（Nancy Ancowitz）によると、内向的な人は注目の的になることを嫌がる傾向があり、もし何かを発言する場合でも、話す内容を熟慮したあとでないと発言しないと言います。[2]

外向的な人は思ったことをすぐに発言する傾向がありますが、内向的な人は話されている内容を整理してから発言します。つまり、自分が発言する前にしっかりと周囲の話を聴き、自分の考えをまとめることを好むのです。[3]

（1）内向的な生徒と静かな生徒の違いについては、「はじめに」九ページの注を参照してください。
（2）内向的な人が就職や仕事の場面において自分の才能を発揮し、周囲からの正当な評価を得るための方法を紹介した本です。

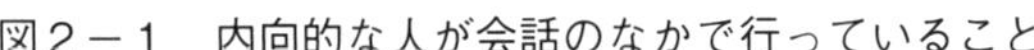
図２－１　内向的な人が会話のなかで行っていること

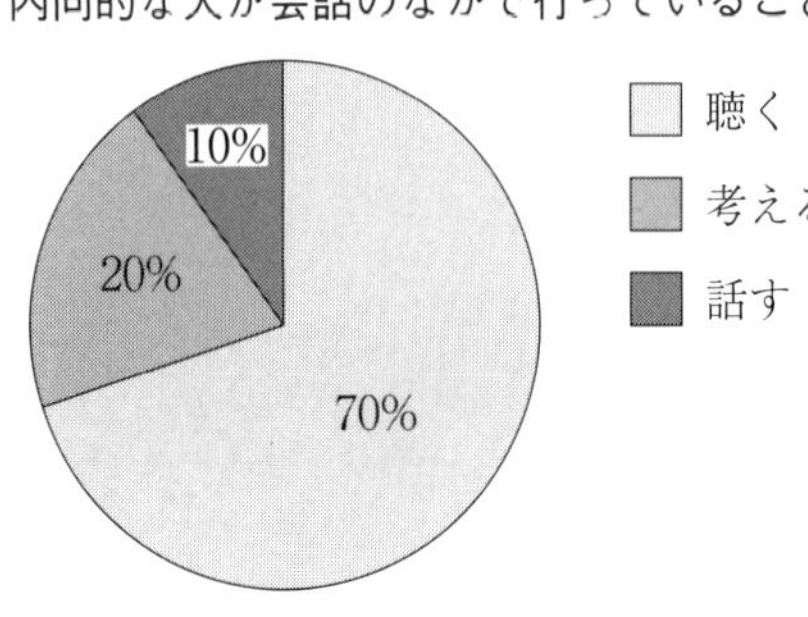

生徒に自分の考えを組み立てるだけの時間を十分与えずに話し合いをさせるときなどは、このことを肝に銘じておいてください。会議や共有の場における静かな同僚についても同じです。彼らには、自分が何を発言するかを考える前に、周囲の話を整理する時間が必要なのです。

内向的な人の強みをより理解するためには、「聞く」と「聴く」の違いをはっきりさせておくことが大切です。「聞く」とは単に音を知覚することですが、「聴く」とは話し手が伝えようとしていることに注意を向け、関心をもつことです。つまり、「聴く」という行為は主体的なものなのです。よい聴き手になるためには、話されている内容を理解しようという意図をもち、積極的に注意を傾ける必要があります。

内向的な人と同様、あなたも人の話を注意深く聴こうとするときには、話された言葉だけでなく、その人の感情にも注目していることでしょう。話し手が伝えたいことを本当に理解しようとするならば、頭だけではなく心で聴く(4)必要があります。

たとえば、次のような場面を思い浮かべてください。

（3）翻訳協力者から「私の体験からも、ほかの人の話を聴きながら、自分の頭の中で話の内容を整理したり、話の内容と自分自身の考えとを比較したりしながら、自分なりの考え・意見をまとめているのだと思います。熟慮、熟考していると言ってもよいかもしれません。話すときも同様です。自分の考えや意見を述べるまでに熟考する時間が必要なので、発言するまでに時間がかかります。その場で思いついたことを話すのは苦手です」というコメントがありました。「話す前にじっくり考える」という点こそが内向的な人の強みです。これに対して、外向的な人は思いついたことをすぐ口にする傾向があり（第1章参照）、話し合いが進まない原因ともなっています。最初に発言した人の意見が、その後の話し合いを方向づけてしまうからです。したがって、授業や会議での話し合いを実りあるものとするためには、話し合う前に個人でじっくり考える時間を確保し、外向的な人にも「話す前にじっくり考える習慣」を身につけてもらうことが大切です。そのための具体的な方法として、全体に話す前に「個別で考え、ペアで考えを共有する」方法や、個別にブレインストーミングならぬブレインライティングをする方法などがあります。前者およびその多様なバリエーションは『私にも言いたいことがあります！――生徒の「声」をいかす授業』（デヴィッド・ブース／飯村寧史ほか訳、新評論、二〇二一年）の九八～一〇三ページに、後者のブレインライティングおよびその他のアイディアの共有の仕方は『会議の技法』（吉田新一郎、中央公論新社、二〇〇〇年）の第五章で紹介されています。

（4）漢字の「聴く」の素晴らしさは、それらをすべて一字のなかに含んでいることです。文字のなかの「十」の意味について、ご存知の人がいたら教えてください。翻訳協力者からは、「十分に相手の目を見て、一心に聴く」と「十四の心で耳を傾ける」の二つの説を紹介してもらっています。

私が中学校で英語（日本の国語）を教えていたころ、あるクラスは、物語の内容と主題の違いについて理解することに苦しんでいました。さまざまな例をもとにたくさん話し合ったにもかかわらず、理解することができなかったからです。

次の日、生徒が教室に入ってきた瞬間、私はケイティ・ペリー（Katy Perry）の『花火（Firework）』という曲を流しました（生徒から「授業の余り時間に少しでいいから流して」とお願いされるほど、当時はとても人気のある曲でした）。そして、私はホワイトボードに「音楽を感じて、歌詞に注目しよう。ケイティ・ペリーが曲を通して伝えようとしているメッセージを想像してみよう！」と書いたのです。

外向的な生徒はすぐに反応し、たくさんの発言をしましたが、核心を突くことはまったくできませんでした。これに対して内向的な生徒は、数分かけて自分の考えをまとめ、話し合いがひと段落するのを待ってから発言をはじめました。外向的な生徒は、曲のリズムや歌詞の意味を超えて考えを発展させることができなかったのですが、内向的な生徒はそこからテーマを考えることができたのです。

こうした例から分かる大切なことは、話し合いにおいてすぐに発言する人は、質問された内容やほかの人が話した内容を理解するための時間を必ずしもしっかりとはとっていないということです。その証拠として、直前にほかの生徒が言ったことと同じ答えをするという生徒の姿を何度も見たことがあります。

これは大人にも当てはまることです。内向的な人は、自分が話し合いに口を挟むときには、注意深く自分の考えを組み立てるため、まずはほかの人の発言にじっと耳を傾けます。教室や学校では、とくにこうした振る舞いに注意を払っていただきたいです。

内向的な人は私たちの周りに必ずいます。外向的な人、とくに内向的な人をクラスメイトや同僚にもつ外向的な人は、自己主張や外向性を重んじるこの世界において彼らが生きていくことの難しさを理解しなければなりません。さらに、自分が話す前に人の話を注意深く聴くという振る舞いの価値を理解する必要があります。

ここまでの内容を具体化する方法——外向的な人よ、内向性を身につけよう

よい聴き手であること、これは内向的な人が生まれながらに備えている技能ですが、同時に、誰でも学べ、教えることのできるものでもあります。もし、あなたが外向的な大人であれば、これから紹介する方法を学ぶことで、自分の聴く力を高めることができるでしょう。もし、あなたが教師であれば、これを外向的な生徒に教えれば、周囲を注意深く観察する姿勢を促すことができるでしょう。

余裕をもって会議の準備を行いましょう

議題を事前に確認しておけば、話し合われる内容を把握する時間が確保できます。そのようにして、話し合いの論点や懸案事項を整理し、事前に考えをもつことができれば、何を話すかについて考えることもなく周囲の発言に集中することができます。

もし、あなたが生徒の立場ならば、次の授業の内容を事前に読んだり、見たりしておきましょう

こうすれば、次に何を発言しようかと考えることもなく、授業に集中することができます。具体的には、自分がしたい質問や発言を書き留めておくのです。これまでに私は、生徒が事前に書き留めておいた質問を友人に読んでもらっている場面を見てきました。思いつきで出された質問よりも、事前にしっかりと準備された質問のほうが、やり取りを通して深い理解を得られることが多いものです。

話し合いに臨む際には、ほかの人の発言が理解できているかどうかを確かめるために、話し手やグループ全体に確認の質問を挟みましょう

発言の内容をあなた自身の言葉で言い直し、「私の理解が正しければ、あなたが言いたいのは○○○ということですか?」と問い返します。あるいは、一人ひとりの発言を尊重し、理解に努

めているという姿勢を示すために、「あなたが言いたいのはどういうことですか？」と質問することも考えられます。

 内向的な人は、話す前によく考えている

エイプリルという、とても利口な四年生の女の子の話からはじめましょう。彼女は、授業中の課題や宿題を上手にこなし、授業にのぞむ準備も怠らないという生徒です。クラスでの話し合いやグループワークで最初に発言することはありませんが、ひとたび会話が軌道に乗ったり、グループワークがはじまったりすると、活発に自分の考えや意見を出していきます。

年度当初、私はエイプリルの考えていることが分かりませんでした。授業で扱っている本や数学的概念に興味をもっているように見えたのですが、彼女はとても静かだったので、それらを理解しているのかどうかについて判断することが難しかったのです。その後、私は徐々に気づきはじめました。授業や話し合い、グループワークが終わりに近づくにつれて、彼女はどんどん活発になっていったのです。

授業の最後のほうには、彼女はいつも学習内容の本質を見抜いた、ほかの人の思考を刺激する発言を加えてくれたので、頼りにできる「クローザー」(5)になったほどです。

今、私にははっきりと分かります。自分が貢献できることを思慮深く考え、発言する前にしっかりと考えをまとめることは、人生の早い段階で身につけるべき大切な学びの方法なのです。

ここまでの内容を具体化する方法——内向的な人の声を届けよう

内向的な人は情報を自分の内側で整理しますが、外向的な人は会話のなか、つまり自分の外側で整理します。内向的な人は十分な準備を行ってから自らの考えを話すという傾向がありますが、時間がかかりすぎるために発言の機会を逃してしまうこともあります。

これから紹介する二つの方法のうち、一つだけでも行うことができれば、外向的な人に押し流されることなく会話に加わり、内向的な人の声を周囲に届けることができます。もし、あなたが外向的な大人で、この方法を実践することができたならば、そのやり方を生徒に教えることもできるはずです。

早めの情報共有が鍵

社会人として、会議の早い段階で自分のもっている情報を共有することは、自分の存在感を高め、発言に耳を傾けてもらうためにとても大切です。議題を事前に確認し、ノートにメモをとっておいてください。

以前、私は自分が話したいことや共有したいことを記憶してから会議に臨んでいましたが、いざ本番というときになって頭が真っ白になってしまいました。今では、自分の考えを箇条書きにして会議に臨み、すぐに発言できるようにしています。そのあとは、ほかのことを考えながら静かに残り時間を過ごすようにしています。

生徒の場合、最初にクラスの話し合いに貢献をすることで重圧から解放され、不安を和らげることができます。内向的な人は、自分が話し合いに参加しなければならないことが発覚したとき、こうした重圧や不安をしばしば抱えているものです。目の前にいる静かな生徒が、あなたと同じような方法で話し合いの準備ができるように働きかけましょう。自分だけが重圧や不安を抱えていると悩んでいる生徒へのお手本として、勇気を出して、あなたの経験を共有してください。

沈黙を大切にしよう

ひと息ついて、自分の考えをまとめる時間を確保することはよいことです。外向的な人は沈黙

（5）「クローザー」とは野球で使われる用語で、「試合の最後に短いイニングを投げて試合を締めくくるピッチャー」を意味します。ここでは、授業での話し合いにおいて、それまでに出された考えをまとめつつ自分の考えを話してくれる生徒や、その授業で学んだことを整理して話してくれるといった生徒を指しています。

を不快に感じることが多いため、沈黙を埋めるために思いつきで発言したり、気の利いた冗談を言ったりします。一方、内向的な人は、発言するまでに少し時間はかかりますが、言葉を賢く選ぶ傾向があります。結果として、彼らの言葉は周囲に大きなインパクトを与える力をもっています。会話に参加する前に、沈黙の時間を確保するとよいでしょう。

内向的な人は鋭い観察者

次に、アナという頭の切れる三年生の話をしましょう。アナは、周囲の些細な物事にもよく気づく女の子です。私が新しいイヤリングをつけていることや、本棚を整理し直したことなど、大人でも見過ごしてしまうようなことにもよく気づきます。私が体調を崩していたときも、最初にそのことに気づき、「何か手伝うことはないか」と尋ねてきました。言ってみれば、頭の中の歯車を常に回しながら周囲を観察しているような生徒でした。

私が教えたなかでもっとも静かな生徒の一人でしたが、心のなかで何

内向的な人は発言するまでに少し時間はかかりますが、言葉を賢く選ぶ傾向があります。結果的として、彼らの言葉は周囲に大きなインパクトを与える力をもっています。

が起こっているのかと不思議に思うことが多々ありました。尋ねてみると、時々ですが教えてくれました。そのうち、彼女の鋭い観察力が学業にもいかされていることが徐々に分かってきました。

文学の授業で、ほかの生徒が見過ごしている細部に気づくことがありました。物語や絵画の創作において高い創造性を発揮したことや、私も気づいていない算数の法則を発見したこともあります。

このように、アナの観察力は、彼女によい結果をもたらしていたのです。現在、彼女は中学生で、国語、数学、科学の授業を飛び級で受けています。医者になるという彼女の夢は必ず実を結ぶだろうと、私は確信しています。

生まれつきもっていたアナの静かさは、彼女の創造性と観察力を高める源泉でした。彼女は他人とのやり取りに忙殺されることなく、内省し、思考し、想像することに時間を費やしていました。物事に対して立ち止まり、観察し、熟考するというこの能力は、彼女にとっては最大の強みであり、内向的な人の多くが備えているものでもあります。

こうした強みをどのように認識し、正当に評価すればよいのかが分かれば、目の前にいる静かな生徒とより良いコミュニケーションをとる方法を考えだすことができるでしょう。

ここまでの内容を具体化する方法──道端の花に立ち止まり、香りをかごう

鋭く観察することは、内向的な人の多くにとっては簡単なことです。彼らは、ほかの人が見逃してしまうようなことにも気づいてしまいます。鋭い観察者になるということは、物事の全体像だけではなく、細部にまで注意を払うことを意味します。

内向的な人は、表情や身振りから相手の真意を読みとることにも長けています。彼らは「部屋の熱気」が分かるほど周囲をよく見ているため、とくに一対一や少人数の状況においてはうまくコミュニケーションをとることができ、関係をつくっていくことができるのです。

ここで、「見る」と「観察する」の違いについて考えてみましょう。「聞く」と「聴く」の違いと同じように、「見る」は単に物事が見えているだけですが、「観察する」は見たものから意味をつくりだすことと言えます。

内向的な人に比べると外向的な人は衝動的になりがちで、立ち止まって内省する時間をあまりとりません。彼らは人とかかわることに夢中になるあまり、「人生の機微」についてじっくりと考える機会を逃すといった場合が多いのです。観察力というものは、内向的な人が生まれつきもっているものですが、外向的な人が学べる技能でもあります。これから、観察力を高めるための簡単な活動を紹介していきます。

自分の部屋を思い出してみよう

部屋にあるものをすべて書きだして、毎日見たり、触れたり、匂いをかいだりしているものをいくつリストアップできたか数えてみましょう。この課題を定期的にこなしていくと、自らの観察力の高まりに気づくことでしょう。物事の細部をひとたび自覚したら、注意を払って接するようになるからです。

生徒とも、似たような活動を行ってみましょう。初めは周りを見ずに、教室にあるものをリストアップします。あるいは、友人やクラスメイト、教師のことを説明してみてもよいかもしれません。次の日（つまり、周りを見るだけの時間を与えたあと）、新しいリストをつくってみます。その後、さらに踏みこんで、何を追加したのか、なぜ追加したのか、どのようにしてそれに気づいたのかについて振り返っていきます。観察の習慣化は、注意を物事に向けることからはじまります。

馴染みの場所についてメモをとってみよう

あなたの近所や学校までの通勤路、校庭を観察してみましょう。日々変わっていることや、変わっていないところが分かりますか？　生徒とも、同じようなことをしてみましょう。「週明けに学校へ登校したときや昼食から教室に戻ってきたとき、どこがどのように変わっていますか？」と、尋ねてみてください。

よい観察者は、周囲の環境を当たり前だとは思わずに、変化しているのではないかと注意深く見ることができます。ある観点をもって観察できるようになれば、あなたの観察力はさらに高まっていくことでしょう。

落ち着く時間をとろう

何気なく一日を過ごしてしまうと、月日は怒涛のように過ぎ去ってしまいます。少し立ち止まって、周囲の世界についてじっくり考える時間を日課に取り入れましょう。私たちのクラスでは、昼食から教室に戻ってきたあとに次のようなことを行っています。

静かに座り、息を整え、周囲の音に耳を傾けます。そのまま、何分間か身を任せます。これが「マインドフルネス」(6)と呼ばれていることを知る前から、私と生徒はこのような動作を何年も続けてきました。

観察したことを振り返りジャーナルに記録しよう

授業のなかにおいて、「振り返りジャーナル」を書くように働きかけていきましょう。(7) 何かの活動をしている最中や、学びが深まるような出来事があったあとに、そこで起きたことについて書いていくのです。何が起きたか、何を学んだかという結果だけではなく、そこで感じたこと、考えたこと、疑問に思ったことなど、プロセスを含めた経験全体について振り返っていくとよいでしょう。(8)

---

(6)　マインドフルな状態とは、「いろいろな視点から物事を捉えることができ、新しい情報などに心が開かれており、細かい点をも配慮することができ、従来の枠のなかに収まっているよりもはるかに大きな、人々の可能性を信じることができる心の状態」を指します。反対のマインドレスな状態とは、「物事への注意を欠き、柔軟性や応用力のない心の状態」のことです。

(7)　ジャーナルの書き方については、『増補版「考える力」はこうしてつける』（ジェニ・ウィルソン＆レスリー・ウイング・ジャン／吉田新一郎訳、新評論、二〇一八年）と『「振り返りジャーナル」で子どもとつながるクラス運営』（岩瀬直樹・ちょんせいこ、ナツメ社、二〇一七年）を参照してください。

(8)　プロセスを明らかにすることは、私たちが経験から学び続けていくうえでとても重要です。たとえば、何か大切な学びを得たとき、学びを得られた理由が分からなければ、その学びは一回かぎりのものにとどまってしまうかもしれません。反対に、その理由や原因、コツが分かれば、そうした学びの機会を意図してつくりだすことができます。このことは、自分にとって何かよくないことが起きた場合にも当てはまります。

本を読んでいるときにも観察力を発揮しよう

もし、授業で文学作品や絵本を読んでいるのであれば、生徒が登場人物の姿をイメージしたり、その人物の言動や考え方に性格や動機がどのように表れているのかについて考察する機会をつくりましょう。歴史についての作品であれば、重大な発展をもたらした出来事の詳細や、それが果たした役割を考察してもよいでしょう。

内向的な人は誠実な友人をつくる

息子のクリストファーは賢くユーモアがあり、見た目もよい大らかな男の子です。多くの女の子が息子の気を引きたいと願い、男の子は一緒に遊びたいと思っています。しかし息子は、大きな集団に属するよりも信頼のおける少数の親友をもちたいと思っているようです。パーティーに招待されることもよくありますが、そのほとんどを断っています。そして、親友と街を歩いたり、映画を観に行ったり、ゲームで遊んだり、一緒にのんびりと過ごしたりすることを好んでいます。

三人の親友は、息子のためなら何でもやってくれると言いますし、息子も彼らに対してはこのうえなく誠実な態度で接しています。彼らは、息子が静かさを好んでいることや、時には休息を必要とすることも理解してくれています。長時間は続きませんが、息子は外向的な友人とともに過ごすことを楽しんでいるのです。

このように、内向的な人は友人を思慮深く選ぶ傾向があります。彼らは、自分にあった人とのかかわり方を心得ていますし、他人とかかわることが自分のエネルギーを簡単に奪いとっていくことも敏感に察知しています。そのため、多くの人と関係を築くことに時間とエネルギーを浪費するよりも、信頼がおけて、自分を理解してくれる少数の親友をもつことを願うのです。もし、内向的な人から「友人になろう」と言われたら、一生の友ができたようなものです。

内向的な人は背景に消えてしまい、簡単に見過ごされていく傾向があります。そうならないためにも、友人あるいは教師として、彼らと会ったときに必ず挨拶を交わすようにするというのがもっともよい行動かもしれません。とくに、教育者としてのあなたであれば、クラスの内向的な人が周囲と友情を結ぶのにひと役買うこともできます。

ここまでの内容を具体化する方法――内向的な人と友情を結び、約束を設けよう

内向的な人は友人を求めています。言うまでもなく、生きていくうえで友人は必要です。ただ、その付き合い方が外向的な人とは違います。その違いは、幼稚園のころから確認することができ

ます。教師は、静かな生徒が相手への友情をどのように示していくのかについて知ることで、彼らが人間関係という厳しい海を航海していく様子を支えるための、重要な役割を果たすことができます。

これから、内向的な人とよい友人になるための方法を紹介します。友人集団のなかで衝突が起きた際には、教師として、生徒に助言する必要があるかもしれません。これらの方法を駆使して、外向的な生徒が内向的な友人のことをより理解し、共感できるようにしていきましょう。

人混みから抜けだそう

内向的な人には少数の親友しかいませんが、それは彼らが望んだことです。彼らにも知り合いがそれなりにいますが、望んでいるのは深い友情なのです。彼らは、自分たちの輪に人を招き入れることに対して慎重です。というのも、内向的な人は親密な人といるときはいきいきとしているのですが、大きな集団や人混みのなかでは刺激過多になってしまうからです。私たちは、そうした状況において大変な思いをしている人がいるということにもっと注意を払う必要があります。

あなたが教えている生徒、そしてあなた自身に対しても、内向的な友人とは一対一や小集団で過ごすように言いましょう。グループワークを取り入れた授業を計画するときには、内向的な生徒が安心して参加できるように配慮する必要があります。

会話の仕方が鍵

内向的な人は、世間話は疲れるものだと感じています。彼らは、重要な問題についての率直な、意味ある会話を求めています。ソーシャルメディアで見られるような機知に富んだインパクトのある一文を引用するなどして[(9)]、あなたが考えていることの核心をズバリ言い表してみてはどうでしょうか？　また、外向的な生徒に対しては、内向的な生徒ともっと率直に話し、会話を簡潔で有意義なものにするように、と教えることもできます。

対話を促そう

私たちの多くは、相手に届くことのない、自分自身との会話を頭の中で行っています。静かな生徒は頻繁に自分との会話を行っていますが、周りの人のなかに割って入って、自分の考えを共有することに対しては難しさを抱えています。だから、教師による励ましが必要なのです。たとえば、**表２－１**のような「きっかけ言葉」を示すことで、内向的な生徒が会話をはじめたり、続けたりすることに対して支援を行うことができます。

---

(9)　たとえば、ツイッターのボット（自動ツイートするアカウントのこと）では、歴史上の偉人が発した言葉や本の一節などが「名言」として投稿されています。

計画を立てて忠実に実行しよう

外向的な人は予期しない驚きを楽しんで受け止めますが、内向的な人は圧倒されるような気持ちになってしまいます。土壇場で授業の進み方が変わったり、予期しない活動が行われたりすると不安感が生じてしまいます。もし、授業や行事にほかの人との交流が含まれているのであれば、内向的な人が心を整えるための時間をつくりましょう。

一日のはじまりにその日の行事についてのメールを送ったり、教室にいる全員が見ることのできる掲示物を貼っておくことで、内向的な生徒でも毎日のルーティンの変化に備えることができます。

内向的な生徒が充電できる時間をつくろう

「内向性由来の体調不良・疲労感」[10]というものが存在します。本当です。たとえ活動を楽しみ、夢中になってい

表２－１　「きっかけ言葉」の例

会話を進めたり、深めたりするための「きっかけ言葉」
・あなたの考えに賛成です。なぜかというと……。
・最初は……と考えていたけど、今は～～～と考えるようになりました。
・そう考える理由は何？
・私は違う意見です。なぜかというと……。
・もっと詳しく説明してくれますか？
・私は……と考えます。なぜかというと～～～。
・混乱してしまいました。もう一回教えてくれますか？
・まだ考えがまとまっていません。誰か、整理するのを手伝ってくれますか？

たとしても疲れてしまうのです（外向的な人は、逆に元気になります）。静かな時間を求める彼らのニーズにこたえるために、活動、とくにほかの人と交流する活動から離れられる時間を確保しましょう。

明日からやってみよう

現代社会においては、内向的な人はあたかも不利な立場に置かれているように思えますが、本当は多くの「強み」をもっているのです。私たちの目の前にいる静かな生徒や同僚は、素晴らしい観察者であり、聴き手であり、物事を熟考し、話す前によく考えるという傾向があります。もちろん、誠実な友人をつくることもできます。これらはすべて価値のある資質なのです。

もし、あなたが外向的な人であるならば、これらの素晴らしい資質を心に留めながら、静かで控えめに見える友人や家族、生徒、同僚を見わたしてみましょう。逆に、もしあなたが内向的な人であるならば、自分の強みを祝福し、最大限にそれを発揮しましょう。

もっとも大切なことは、内向的な人が自分のニーズを叶えられるような環境をつくることです。

(10)「内向性由来の体調不良・疲労感」については第６章で詳しく説明します。

外向性が支配する世界に適応しようとすると疲れます。そのため、最善の充電方法を見つける必要があります。ありのままのあなたを受け入れてくれる友人や仲間を探しましょう。そうして自分の強みをいかし、本当の自分を大切にしていきましょう。

 自分への置き換えノート

・より良い聴き手になるためにあなたがやってみたいことは何ですか？　二つ書きだしましょう。

回答1

回答2

・あなたの考えを周囲に届けるために、どのような取り組みを行いますか？

回答

・もし、あなたが外向的な人だったら、どのような方法で内向的な人の考えが周囲に届くように

しますか？

回答

・あなたの観察力を高めるために実践したいことは何ですか？　二つ書きだしましょう。

回答１

回答２

・もし、あなたが外向的な人だったら、どのような方法で内向的な友人や生徒を尊重していきますか？

回答

ほかの生徒や教師が内向的な人の強みを学ぶ方法について、同僚や教師仲間と話題にしたり、失敗談や成功談を語りあったりしてみませんか？

内向的な人のジレンマ
――騒々しい、おかしなこの世界で静けさを求める

私たちの文化は、外向的な人としてだけ生きることを理想とした。内なる旅や根源への探究を認めなかった。だから、私たちは根源を失い、もう一度それを見つけなければならないのだ。（アナイス・ニン［Anaïs Nin, 1903～1977］小説家）

近年、内向的な人についての話をよく耳にします。たとえば、フェイラーとクレインバウムが二〇一五年に「科学的心理学会」に発表した論文では、「外向的な人の数が過大に見積もられている」と指摘されています[(1)]。実際には、内向的な人が人口の約三〇から五〇パーセントを占めているようなのです。

心理タイプ応用センター（Center for Applications of Psychological Type：CAPT）が発表し

（1）次の論文で述べられています。Feiler, D. C., & Kleinbaum, A. M. (2015). Popularity, similarity, and the network extraversion bias. *Psychological science, 26* (5), 593-603.

た別の研究では、九一万四二一九人を対象にして調査を行ったところ、四九・三パーセントが外向的、五〇・七パーセントが内向的な人であるという結果が出ました。(2) つまり、『静かな力——内向型の人が自分らしく生きるための本』(西田佳子訳、学研プラス社、二〇一八年)の著者であるスーザン・ケインが言うように、アメリカ人の三分の一から二分の一は内向的だということです。たとえあなた自身が内向的な人でないとしても、恋人や子ども、教え子、同僚のなかには、そのような人がいることになります。

学校から職場までのあらゆる場所が、人々を外向的な人に変えようとしています。その裏返しとして、内向的な人はしばしば不当な評価を受け、誤解されています。スーザン・ケインは「理想としての外向性」という言葉をつくり、「西洋社会では、注目を浴びることを望み、周囲とかかわることを好む人が人間の理想と見なされます」と言っています。

公認職業心理士であるフェリシティ・リー(Felicity Lee)は、「アメリカとカナダの文化は、ほかの文化よりも外向性に価値を置く傾向にある」と言っています。外向性が理想とされている文化のもとでは、セレブからアスリートに至るまで、世間の注目を集めている人の多くが実は内向的な人であるという事実は信じ難いことかもしれません。

実をいうと、驚くほどの成功を収めた歴史上の内向的な人は、社会を何とか生きていくために

「理想的な外向的人間」のマスクをかぶっていたのです。私たちは個性を重んじる文化のなかで生きているわけですが、そのなかで内向的な人は歴史に残る偉大な業績を残してきました。

彼らは、政治やビジネスのリーダーとしても成功しています。アルバート・アインシュタインやローザ・パークス、ビル・ゲイツ、スティーブン・スピルバーグ、エレノア・ルーズベルト、バラク・オバマ、スティーブ・ウォズニアッキ、マーク・ザッカーバーグなどは、歴史のうえで成功を収めた内向的な人の一例です。

私自身の幼少期を振り返ってみても、自分は「カメレオン」だったと思います。学校に適応し、自分の目標を達成するために、外向的な人の

(2)　この結果は、第1章でも紹介したＭＢＴＩの回答者情報からＣＡＰＴが明らかにしたもので、次の資料のなかで述べられています。Hammer, A. L., & Martin, C. R. (2003). Estimated frequencies of the types in the United States population. また、アメリカの総人口における個性タイプの詳しい分布を知りたい方は、https://www.capt.org/mbti-assessment/estimated-frequencies.htm から閲覧することができます。日本人の場合、内向的な人はどの程度いるのでしょうか？

授業中や昼食時間、休み時間も含めて、クラスメイトや大人と一日中かかわることを強いられている静かな生徒のことを考えてください。彼らが本当の自分を保つためには、休息が必要なのです。

マスクをかぶる必要がありました。大人になった今でも、このような「ゲーム」を演じています。嫌いであっても世間話の仕方を学び、家にいたいときでもパーティーや集会に参加しなければならないことを学びました。たとえ疲れていても、社会生活や仕事の責任を果たすために積極的な振る舞いをする必要があったのです。

外向的な人の多くは、内向的な人が本来の自分を犠牲にし、「理想的な外向的人間」への同化をいつも強いられていることを知らないかもしれません。内向的な人は、このような障壁にいつもぶつかっているのです。教室にいる静かな生徒だけでなく、同僚のためにも、学校や職場に通うときには常にこのことを覚えておいてください。

教師や生徒として教室で過ごすということは、周囲とかかわることを一日中、しかも毎日要求されることを意味します。教師という仕事は、ほかの人と協力して事に当たらなければならないという使命をもっています。

また、授業中や昼食時間、休み時間も含めて、クラスメイトや大人と一日中かかわることを強いられている静かな生徒のことを考えてください。彼らが一日を乗りきるためには休息が必要なのです。教室のリーダーとして、それを提供するのがあなたの役目なのです。もし、あなた自身が内向的な人であれば、自分のニーズに正直になってください。

スタッフ・ルームのジレンマ

教育実習生のころ、私は教職員の結束が強い小学校に通っていました。校長先生も含めた全員で、スタッフ・ルーム(3)で毎日昼食を食べようと言わんばかりでした。このスタッフ・ルームは、狭いこともあっていつも混雑していました。奥の隅にあるトイレに行くためには、周囲に合図を送って、人をかき分けながら一歩一歩進まなければならないほどでした。そんな部屋ですが、会話と笑いであふれていました。

多くの人は、このような騒音や光景のなかで過ごすことが、忙しい一日のなかにおいて、少しの休息をとるよい方法だと思っているのでしょう。実は、私にとっては耳をふさぎたくなるよう

---

(3)「スタッフ・ルーム」ないし「教師の部屋」と呼ばれるところは、日本の職員室とはだいぶイメージが異なります。そこには各教師のメール・ボックスがあり、全職員へのメッセージ・ボードもあって、日に何回か顔を出してコミュニケーションを図ることが目的となっている部屋です。また、ソファやテーブルと椅子なども置かれていて、希望者がちょっとしたミーティングをしたり、ランチを食べたりできるスペースとなっていますが、全員が同時に座れるようになっていないことが多いです。日本の職員室のように、全員が仕事をするための部屋というものは存在しません。

な状態でした。最初の一週間を過ぎると、ほかの先生と「お昼の儀式」を過ごす代わりに、教室で一人の時間を過ごす口実をつくるようになっていました。午後を乗りきるために、昼食時には充電が必要だったのです。

以前、父が「あの教育委員会で仕事に就こうと思ったら、このゲームの仕方を学んでおいたほうがよい」と話してくれていました。当時の私は気づかなかったのですが、父は「外向的な人のマスクをかぶる」というゲームについて話していたのです。私は父のアドバイスに従って、職場の文化に馴染んでいました。とはいえ、それは悪戦苦闘の日々でした。仕事から帰宅すると、疲れ果ててうたた寝をしてしまうという毎日でした。

このような状態を何とかしようと、何年も続けていたスタッフ・ルームでの昼食を、私はさまざまな口実をつくって少しずつやめることにしました。正直に言うと、私は極端に行動を変えてしまう人間なのです。これまでは毎日スタッフ・ルームで昼食を食べていたのに、ある日から、一日中ほかの人と顔を合わせなくなってしまったのです。私の心の動きもまた極端で、これまでは刺激の多さに疲れ果てていたのに、いざ一人で昼食を食べはじめると孤独を感じるようになってしまいました。

そうこうしているうち、自分にあった落としどころが見つかりました。スタッフ・ルームに行って昼食を冷蔵庫から出したり温めたりしたあと、ほんのちょっと雑談をしてから、快適な自分の教室へ引き返していくことにしたです。内向的な人は、騒音や雑談をまったく好まないというわけではありません。自分にあった落としどころを見つける必要があるということです。(4)

ここまでの内容を具体化する方法――自分を大切にすることを第一に

あなたが内向的な大人であるならば、心の健康を保つための対策が講じられているのかどうかについて確認しましょう。そして、充電時間を必要としている自分自身を許してあげましょう。これから紹介するのは、充電するための静かな時間を見つけ、残りの一日を最高の状態で過ごすための方法です。

(4)　翻訳協力者から「私もある中学校に勤務していたとき、職員室で仕事をするのではなく、理科準備室や理科室で生徒のノート（観察・実験レポート）を見たり、クラスの生活記録ノートを読んでコメントを書いたりすることが多かったですね。そのほうが集中できるし、心も落ち着けるのです」というコメントがありました。では、こうした準備室のない教科の先生はどうすればよいのでしょうか？　『「学校」をハックする――大変な教師の仕事を変える一〇の方法』（マーク・バーンズ&ジェニファー・ゴンザレス／小岩井僚ほか訳、新評論、二〇二〇年）では、まさにこの問題に対処する方法が説明されています。

れません。

散歩しよう

晴れだろうと雨だろうと、新鮮な空気を吸いながらたくさん歩くことが最善の充電方法かもしれません。

お気に入りのメロディーを聴こう

もし、私が授業準備をしているときに教室に入ってきたら、懐かしいロックミュージックを耳にすることになるでしょう。私は、ロックミュージックを聴くと体がリズムに乗ってしまうのです。音楽はこのうえないほどやる気を引き出してくれるものですから、あなたの血をたぎらせ、充電する力をもっていると言えます。

二〇分だけ本を読もう

専門家によると、子どもが毎日本を読むことはとても大切であるとされています。同じことは大人にも当てはまります。読むことを習慣にするための秘訣は、それに費やす時間が自分にとって大切な時間であると位置づけることです。

趣味に関する本を読んだり、調べたり、考えたりする時間を一〇分間もとう

私の夫は、株式取引と釣りに夢中になっています。彼は昼食や始業前の準備時間には、株の値動きを見るためにヤフーファイナンスを閲覧したり、新しい釣り場を見つけるためにフィッシング・レポートを読んだりして過ごしています。あなたの趣味や興味が何であれ、それに関係する本を読んだり調べたりすることはよいことです。

もし、音楽が好きなら、教員合唱団や教員バンドに参加しよう

スウェーデンにあるヨーテボリ大学の研究によると、合唱は気分を高揚させ、ストレスや不安を和らげる効果があると言われています。同様に、二〇〇八年に行われたハーバード大学とイエール大学の共同研究でも、ストレスを和らげ、幸福を感じるとされていますし、長生きをしたいのであれば歌うことをはじめるべきだ、と指摘しています。

無心になれる活動に身を任せよう

「キャンディークラッシュ」や「2048」(5)といったアプリで遊んだり、フェイスブックやツイッターを見たりして息抜きをしましょう。私のお気に入りは「ニューヨーク・タイムズ」が開発しているクロスワードゲームのアプリです。これらを五分から一〇分遊んでから現実に戻りましょう。

くれぐれも、時間を浪費しすぎないようにタイマーをセットしてください。

車の中で小休止しよう

これは最高の方法というわけではありませんが、心の平和と静けさを取り戻すために車へ逃れるという同僚がいます。そうでもしないと、忙しい日々に押し流されてしまうからです。(6)

座って静かな時間を過ごそう

これは、私がよくやっていることです。昼食を食べたあと、その日の出来事についてじっくりと考えます。こうすることで頭を休ませたり、これまでに起きたことを見つめ直したり、これから起こることへの対応を考えたりしています。

アプリをダウンロードして黙想する

スマートフォンのアプリのなかには、黙想を促し、心をマインドフルな状態へ誘ってくれるものがたくさんあります。なかでも、「Insight Timer」というアプリが私のお気に入りです。昼休みや空き時間に黙想の時間を五分以上とり、心のバランスを取り戻したり、集中力を持続させたり、エネルギーを蓄えたりしています。

内向的な人が快適に過ごせる学校をつくる

ここで紹介するのは、ニュージャージー州の小学校教師であるブライアン先生のエピソードです。彼は内向的な人であるにもかかわらず、小学校から大学までの間、人が集まるイベントや会話に参加し、ある程度その場に「適応」することができていました。そうした経験を通して彼は、この世界が外向的な人に信じられないほど最適化されていることを発見し、学校という職場も同様であると理解したのです。

教師は、職場でのすべての時間を「オン」の状態で過ごしています。ブライアン先生が言うように、内向的な人が学校で働くということは疲れ果ててしまうことを意味します。

(5)　「キャンディークラッシュ」は、画面上に並べられたさまざまな色形のキャンディーを動かし、同じものが三つ以上並んだ状態をつくってキャンディーを消していくゲームです。「2048」は、4×4のマスに散りばめられた数字が書かれたタイルを足していきながら、2048のタイルをつくることを目指すゲームです。

(6)　翻訳協力者から「知人から聞いた話ですが、ある学校の事務職の人は、昼食を自分の車の中で食べ、昼休みを車の中で過ごすということでした」というコメントがありました。訳者自身も中学校で勤務していたとき、車の中で時間を過ごしている同僚を見かけたことがあります。最近では、コンビニの駐車場に車を停めて休息をとっている人をよく見かけます。学校にかぎらず、多くの職場において、静けさが得がたくなっているのでしょう。

内向的な自分や周囲にいる内向的な人をケアするためには、エネルギーを静かに補給する方法が必要だということを理解しなければなりません。管理職は伝統的なチームワークづくりの活動を好んでいて、多くの場合、それらは教職員の人間関係を構築するために設計されています。しかし、こうした活動は、内向的な人には逆効果となることが多いのです。

彼らには、活動に参加するための準備時間が必要なのです。ブライアン先生は職場の同僚とより良い人間関係を築きたいと願っており、活動にも参加したいと思っています。しかし、その一方で、最高の状態で活動に取り組むために静かな時間を必要としているのです。

ここまでの内容を具体化する方法——学校文化のなかに静かな時間と空間をつくりだす

ブライアン先生は自分の努力で静かな時間を探しだすことができましたが、ほかの人にとっては難しいかもしれません。すべての人が、健やかな実り多い時間を過ごせる学校環境を求めているという点でいえば、内向的な人も外向的な人も同じです。私たちには、学校や教育委員会全体を巻きこんでの、ちょっとした変化が必要なのです。

管理職および教育行政に携わる人たちよ、よく聴きなさい！　あなたができるもっとも大切なことの一つは、職場の人々をよく知ることなのです。彼らのニーズを探り、それをどのような形で満たすことができるのかについて考えだすことが求められているのです。

ここでは、教職員の静かな時間を学校文化に組み込む方法を提案します。これらのアイディアは、各学校でそうした変化を実現させたいと願っている全国の教育者との交流から得られたものです。これらの方法を実践することで、教師は学校の騒々しい一日のなかで、周囲への後ろめたさや自分は非社交的であるという感覚をもつことなく、ほんの少しですが静かな時間を得ることができます。(7)

もし可能ならば、昼食の場所や時間を自由にしよう

昼食の場所や時間が自由になれば、周囲に気をそらされることなく、教師は充電時間を確保することができます。

(7)　静かな時間を必要とする生徒や同僚に対して私たちは、「つらかったら休んでいいよ」といった声かけをしがちです。こうした声かけは、優しさに見える一方で、「普通の人は休まないけど、あなたは特別だ」というメッセージを送ってしまうことになり、内向的な人の自己肯定感を損なってしまう場合があります。重要なことは、本人が「周囲への後ろめたさや自分は非社交的であるという感覚」をもつことなく、静かな時間が得られるような仕組みをつくりだすことです。

地域のホリスティック医療センターと提携しよう⑧

昼食やその準備時間を活用したマッサージや鍼治療を月に一回行いましょう。

学校や教育委員会全体で「セルフケア・デー」や「健康増進デー」を設定しよう

常に行われる教員研修の代わりに取り組んでみましょう。昨年、私たちの教育委員会が、教職員が健康増進に詳しくなるために、地域の専門家を学校に派遣してくれました。彼らは、ストレスを軽減する方法やマインドフルネスの考え方、マッサージや鍼治療、栄養補給のコツを教職員に教えてくれました。また、大人のための色彩講座もありました。

もし、あなたがこれを取り入れようとする場合は、周囲からの圧力を受けている人、とくに内向的な教職員を対象として、定期的に開催するようにしてください。

癒しの部屋をつくろう

瞑想やマインドフルネスを実践したいと考えている人のために、自然音やリラックスできる音楽で満たされた空間をつくりましょう。そして、その場所を人と話してはいけない部屋にしましょう。癒しの部屋に関する教師向けのさらなるアイディアについては、ジェニファー・ゴンザレスとマーク・バーンズが著した『「学校」をハックする——大変な教師の仕事を変える一〇の方

法』（前掲、新評論）が参考になります。(9)

エネルギーを取り戻すために運動することを奨励しよう

たとえば、フィットネスやヨガ、ダンスセッションの機会を提供したり、ランニングマシンやサイクリングマシンといった運動器具を導入することを考えてみてください。

(8)　患者の精神や生活環境などを含め、全体的に治療することを目的とした医療のことです。

(9)　日本語で読めるハックシリーズの本として、これ以外に『成績をハックする――評価を学びにいかす一〇の方法』（スター・サックシュタイン／高瀬裕人ほか訳、新評論、二〇一八年）、『宿題をハックする――学校外でも学びを促進する一〇の方法』（スター・サックシュタイン＆コニー・ハミルトン／高瀬裕人ほか訳、新評論、二〇一九年）、『教科書をハックする――二一世紀の学びを実現する授業のつくり方』（リリア・コセット・レント／白鳥信義ほか訳、新評論、二〇二〇年）、『生徒指導をハックする――育ちあうコミュニティーをつくる「関係修復のアプローチ」』（ネイサン・メイナード＆ブラッド・ワインスタイン／高見佐知ほか訳、新評論、二〇二〇年）、『読む文化をハックする――読むことを嫌いにする国語の授業に意味があるのか？』（ジェラルド・ドーソン／山元隆春ほか訳、新評論、二〇二一年）、『学校図書館をハックする――学びのハブになるための一〇の方法』（クリスティーナ・A・ホルズワイス＆ストーニー・エヴァンス／松田ユリ子ほか訳、新評論、二〇二一年）、『子育てのストレスを減らす一〇の「魔法のことば」――子育てをハックする』（キンバリー・モーラン／阿部良子ほか訳、新評論、二〇二〇年）があります。

外に静かな空間をつくることを検討しよう

テーブルと椅子を外に設置すれば、教職員は休憩を外でとることができますし、新鮮な空気を吸うこともできます。

ウォーキングクラブやランニングクラブをつくろう

このようなクラブがあれば、昼休みや放課後、週末にストレスを解消することができます。私の学校で三年生を教えている教師たちは、天気がよい日には必ず近所を散歩しています。彼らは、忙しい一日のなかで心のバランスや平穏を取り戻すためには、これが手っとり早い方法であるということを知っているのです。

手芸クラブをつくろう

編み物やキルティング、刺繡といった活動は周囲の圧力から解放され、リラックスさせてくれます。私は、幼少のころに編み物と刺繡を覚えました。とくにストレスを感じるようなときには、これらの活動が今でも私を癒してくれています。

職場から離れて「サイレント・ブッククラブ」[10]をはじめよう

以前、サイレント・ブッククラブの発案者であり、『ほかのことをするより本を読みたい（I'd Rather be Reading)』（未邦訳）の著者でもあるグイネヴィア・デ・ラ・メアのブログ[11]に私は偶然出合いました。そのなかに、「サイレント・ブッククラブ」の開催計画が書かれていたのです。「サイレント・ブッククラブ」は、読書に集中できるほど静かで、快適な座席や十分な照明がある場所を見つけることからはじまります。月曜日の夜のバーや、閑散時の地元レストラン、図書館、カフェ、書店でもよいのです。そこに何人かの友人を招待します。多くの人を呼ぶ必要はありません。そして、定例会の日時を打ち合わせ、読みたいと思う本を持ってくるように伝えます（必読本はありません。強制的に読まされて何が楽しいのでしょうか？）。

実際に集まったときには電子機器の電源を切り、各自が持参した本のおすすめポイントを簡単に説明しながら交流します。そのあとで本を開き、ひたすら一人で読むのです。何て単純なんでしょう！「サイレント・ブッククラブ」は、内向的な人にとっては幸せな時間となります。

（10）サイレント・ブッククラブについて詳しく知りたい方は、https://www.facebook.com/groups/silentbookclub/を見てください。日本でも東京・山形・名古屋を拠点として開催されているようです。

（11）現在はブログを続けていないようですが、https://sites.google.com/view/guineveredelamare/home で著者とサイレント・ブッククラブの情報を得ることができます。

本当の自分を見つける

次に、声が大きく荒々しい四年生、デレクという男の子の話をしましょう。[12] 彼は、みなさんが思っているような内向的な生徒、もっと言えば静かな生徒ではありません。彼は、クラスの注目を集めたがることが多いという生徒です。とはいえ、私の目には、騒々しさよりも静けさを好み、一人でいることを楽しんでいるように見えるときがありました。

彼を一年間担任していたこともあり、私は昼休みをともに過ごすことがよくありました。そこから見えてきた彼の姿は、クラスメイトとの付き合いがうまくいかないために、頻繁に昼休みを一人で過ごすというものでした。野外での昼食の日は、とくにトラブルが多かったです。理由は分からないのですが、最後にはトラブルが起きてしまうのです。

そうした日が連続して続いたあと、昼休みに何が起こっているのかと、彼に尋ねてみることにしました。それらのトラブルに共通していたことは、彼が「人気のある子どもたち」と仲良くするために、無理に付き合っているというものでした。その結果、彼の言動は時にぎこちなくなり、それがクラスメイトをいらつかせることになり、最後には衝突してしまうのです。

この話を聴いたとき、私は昼休みに教室を開放することに決めました。[13] それ以来、私が担任をしていた「四〇五教室」は静かな避難所となりました。そして、運動場における複雑な人間関係や暗黙のルールのなかで過ごすのではなく、色塗りやお絵描き、読書、玩具で遊ぶといった時間を過ごしたい生徒が集まってきたのです。

デレクがお気に入りとした過ごし方は、プログラミングゲームでした。ラグマットに寝そべり、周囲の世界を遮断したうえで、ゲーム上でつくる世界に夢中になっていました。そのうちトラブルに巻きこまれることも少なくなり、クラスの注目を浴びたいという欲求も薄れていったようです。そして、彼の好奇心と探究心が芽生えてくるようになりました。

そうしたなか、ある交流場面が私の注意をひくことになりました。外側からどのように見えていようと、「デレクは、たしかに内向的な生徒なのだ」と確信した場面があったのです。

私の学校では、月に一度、幼稚園児を四年生の教室に招いて共同で作業を行う機会があります。(14)一緒に本を読むこともあれば、「ブロクセル（Bloxels）」や「スクラッチジュニア（Scratch Jr）」といったプログラミングアプリの使い方を教えることもありますし、「チェッカーズ」や「コネ

---

(12)　ここで紹介されているデレクの例は、「はじめに」でも述べましたが、内向的な生徒が一見して静かな生徒とはかぎらないということを示す格好の例です。

(13)　アメリカの小学校では、日本と違って、教室でクラス全員が昼食を食べるということは通常ありません。校内のベンチや食堂で、それぞれが昼食をとるというスタイルが一般的です。

クトフォー」といったボードゲーム、(15)そのほかレゴで遊ぶだけの場合もあります。

生徒が活動している間、私と幼稚園の先生は、デレクと一人の園児が教室の隅に座り、iPadをのぞきこみながらささやきあっている様子に気づきました。遠巻きにそれを見ていると、デレクが優しい言葉と穏やかな身振りで、お気に入りのアプリの使い方を教えていたのです。

私たち二人は数年前からデレクを知っていましたが、彼のこういった一面を見たことはありません。アプリを使ったことのない園児に対して、デレクがこれほど繊細かつ親切に教えている様子に驚かされた、と二人で話したほどです。

その日の終わり、私はデレクを教室の隅に連れていき、園児に対して時間を惜しまず根気強く教えてくれたことをとても誇りに思っている、と伝えました。冗談交じりに、「あなたにこんな一面があるとは知らなかったわ」と私が言ったときです。彼は微笑みながら、「先生、僕は周りが思っているような子じゃないよ。たまに大声でおしゃべりをするけれど、それは本当の僕ではないんだ」(16)と言ったのです。

この瞬間、デレクもマスクをかぶっていたのだと私は理解しました。彼は園児と一緒に活動していたとき、本来の姿を見せていました。そこでの交流では、クラスでの位置づけに何ら影響を与えなかったからです。クラスメイトもほかの園児とペアで活動していたため、デレクと園児の交流は個人的なものとなっていました。そのため、彼にとっては居心地がよく、ガードを下げても安全であると感じたということです。

周囲に適応するために振る舞うので、彼は一見すると外向的な生徒に見えるわけですが、実は内向的な生徒なのです。デレクは、園児との交流のなかに、本来の自分でいられる安全な空間を見つけたのです。

このようなデレクの経験から、私たちは学ぶことがあります。それは、外向的な人のマスクをかぶり続けることは、心身ともに疲れてしまうということです。私たちは、静かな生徒が自分の目標に向けて成長していけるように環境を整える必要があります。また、そうした環境を整えることを、教室文化の核に据えなければなりません。内向的な人は、外向的な人が支配する世界の

(14)　ブロクセルとスクラッチジュニアは、キャラクターや背景、障害物などを作成して、アニメーションやゲームを作成できるアプリです。未就学児でも楽しめるように設計されています。

(15)　チェッカーズは、10マス×10マスの盤上で互いのコマを取りあうゲームです。日本では「西洋碁」とも言われていますが、将棋のイメージに近いです。一方、コネクトフォーは、日本でいう五目並べに近いものです。６×７マスの板を垂直に立てて遊びます。上から互いの石を落としながら、先に四枚の石を並べたほうが勝利となります。

(16)　「僕は周りが思っているような子じゃない」という言葉は、デレクが周囲からの評価を敏感に感じとっていることの表れです。こうした言葉が出てくることこそが、デレクが内向的な子どもであることの何よりの証拠ではないでしょうか。

喧騒に飲みこまれてしまいがちです。彼らの多くは、自らを偽って生きなければならないと感じているのです。教育者として私たちは、彼らに対して、「本来の自分でいてよいのだ」ということを示していく必要があります。

ここまでの内容を具体化する方法――心の安全を築く

あまりにも多くの教師が、生徒の個性を外向的なものへ変えようとしたり、「自分の殻」を破るようにと促したりしています。そのため、「自分の殻を破りなさい」という台詞を教室で頻繁に耳にします。デレクのように、外向的に見えるけれども実は静けさを好む生徒のことを考えるならば、私たちの目標は彼らを変えることではありません。彼らの強みを理解し、受け入れることなのです。

私たちの支えがなければ、静かな生徒や大人は背景に消えてしまい、周囲からの孤立を深め、ついには「一人ぼっち」になってしまいます。そして、彼らのこうした振る舞いが、これまで述べてきたような、静かな生徒や大人に対するネガティブな偏見を強化してしまうのです。デレクのような生徒が、本来の自分でいることに快適さを感じ、自信を深め、自分にあったやり方で輝けるようになるための簡単な方法を紹介しましょう。

内向的な有名人の経験と成功を強調しよう

内向的な人は偉大なことを成し遂げることができるのだ、ということを示すのです。静かな生徒のお手本として、それらの偉業を共有するのです。私はさまざまな分野のイノベーター（革新者）や発明家の本やビデオを集め、年間を通して生徒と共有しています。当然のことですが、彼らの多くは、家族や友人、教師から、静かで観察力が鋭く、内省的な人と見なされていました。つまり、内向的な人であったということです。

文学と自分を結びつけよう

本を用いることは、内向的な人の個性を肯定することのできる素晴らしい方法です。多くの作家が内向的であるため、作品のなかに静かで内向的な人物を登場させるといった傾向があります。静かで内向的な生徒は、そうした本の登場人物に自分を重ねていくことができます。

現在は、文化的マイノリティーの生徒を励ますために、文化的に多様な、力強い人物が描かれている本で学級文庫を満たそうとする動きが活発となっていますが、内向的な主人公もそこに加えるべきです。静かな生徒は、自分と似たような人物が困難に直面し、障壁を克服し、世界に変化をもたらしていく様子を目の当たりにする必要があります。そうした経験を通して、生徒は自分が何者で、何ができるのかが分かり、自らの可能性を信じはじめていくのです。

「コレッタ・スコット・キング&ヴァージニア・ハミルトン生涯功労賞」を受賞した児童文学者のルディン・シムズ・ビショップ（Rudine Sims Bishop）博士は、次のように述べています。「文学は人間の経験をこれまでとは違った角度から描き、その角度から読者を照らし返す力をもっています。文学によって照らし返されるなかで読者は、自分の人生と経験の意味を、生涯にわたる大きな経験の一部として位置づけることができるようになるのです。そのため、読書は自己肯定の手段となり、読者は本のなかに自分を映しだす鏡を求めることになります」

表3－1は、内向的な人の強みを読者と共有できる素晴らしい本の一覧です。(17)

異学年・異校種とパートナーになる機会をつくろう

生徒を同じ年齢層との付き合いに閉じこめている「壁」を取り除きましょう。先にも述べたように、幼稚園児とのペア活動や、読書を異年齢の子どもと共有するブッククラブ、異年齢集団で遊んだり、想像にひたったりする休み時間などの活動を取り入れていくのです。それらの活動は、生徒がクラスメイトの視線を受けることなく本来の自分をさらけだす機会となります。(18)幅広い年齢の人と一緒に作業をしたり遊んだりする機会は、素晴らしい素質をもった生徒がその能力をほかの子どもと共有し、自信をつけ、自己肯定感を高めていくことになるのです。

表3－1　本の一覧

<table>
<tr><td colspan="2">内向的な人の強みを読者と共有できる本</td></tr>
<tr><th>絵本</th><th>児童書</th></tr>
<tr><td>▶ アンドレア・ベイティー作『しっぱいなんかこわくない！』（かとう　りつこ訳、絵本塾出版、2017年）
▶ クリス・ホートン作『しーっ！ひみつのさくせん』（木坂涼訳、BL出版、2014年）
▶ ジャスティン・ロバーツ作『ちっちゃなサリーはみていたよ』（中井はるの訳、岩崎書店、2015年）
▶ アリソン・ウォルチ作『わたしのいちばん　あのこの１ばん』（薫くみこ訳、ポプラ社、2012年）
▶ トルーディ・ラドウィッグ作『みんなからみえないブライアン』（さくま　ゆみこ訳、くもん出版、2015年）
▶ 石川えりこ作『かんけり』（アリス館、2018年）
▶ ごとうみづき作『おなみだぽいぽい』（ミシマ社、2017年）
▶ アーノルド・ローベル作『ふたりはともだち』（三木卓訳、文化出版局、1972年）
▶ ピーター・レイノルズ作『っぽい』（なかがわ　ちひろ訳、主婦の友社、2009年）</td><td>▶ メアリー・ポープ・オズボーン作『マジック・ツリーハウス』シリーズ（食野雅子訳、KADOKAWA、2002年～）
▶ 宮川ひろ作『ひいきにかんぱい！』（童心社、2013年）
▶ アームストロング・スペリー作『それを勇気とよぼう』（久保田輝男訳、学研プラス、2002年）
▶ ノートン・ジャスター作『マイロのふしぎな冒険』（斉藤健一訳、PHP研究所、1998年）
▶ ロアルド・ダール作『マチルダは小さな大天才』（宮下嶺夫訳、評論社、2005年）
▶ J・K・ローリング作『ハリー・ポッターと賢者の石』（松岡佑子訳、静山社、1999年）
▶ ジョーン・G・ロビンソン作『思い出のマーニー（特装版）』（松野正子訳、岩波書店、2014年）
▶ 菅野雪虫作『天山の巫女ソニン』（講談社文庫、2013年）
▶ ジュゼッペ・フェスタ作『飛ぶための百歩』（杉本あり訳、岩崎書店、2019年）
▶ 岡田淳作『ふしぎな木の実の調理法』（理論社、1994年）</td></tr>
<tr><th colspan="2">ヤングアダルト小説</th></tr>
<tr><td colspan="2">▶ スティーヴン・チョボウスキー作『ウォールフラワー』（小西未来訳、アーティストハウス、2001年）（田文志文訳、集英社、2013年）
▶ 梨木香歩作『西の魔女が死んだ』（新潮文庫、2001年）
▶ 佐藤ゆみ作『グローリー・デイズ－輝ける日々』（ポプラ社、1996年）
▶ ニール・ゲイマン作『ネバーウェア』（柳下毅一郎訳、インターブックス、2001年）
▶ 小川糸作『ツバキ文具店』（幻冬舎、2016年）
▶ 笹生陽子作『サンネンイチゴ』（理論社、2004年）
▶ 吉田修一作『横道世之介』（文藝春秋、2012年）</td></tr>
</table>

本やハイテク機器を通した異年齢ペア活動を取り入れよう

ペアでの読書活動では、その組み合わせを少なくとも学期が終わるまで固定することをおすすめします。読書中の経験を共有するなかで互いの信頼関係を築き、自分に自信がもてるようになっていくからです。

一方、ハイテク機器を利用したペア活動では、そのときに生徒が使っている機器に応じて、頻繁にペアを代えることをおすすめします。私がお気に入りの活動は、年長の生徒は自分が教えたいハイテク機器を選び、年少の生徒は自分が学びたい機器を選ぶというものです。活動の当日、教室の中に「ブロクセル」や「スクラッチジュニア」(ともに八一ページの注14を参照)[19]、「オゾボット(Ozobot)」、「コード(Code, org)」、「オスモ(Osmo)」といったさまざまなハイテク教材や、アプリを紹介するための「コーナー」[20]をつくります。

年長の生徒は、自分が担当する「コーナー」を選び、そこで学べることや探究できることの簡単な説明を用意します。年少の生徒は、教室を歩いて回り、説明を聞いたり、機器を観察したりして、過ごしたい「コーナー」を選びます。そして、三〇分経ったら新しい「コーナー」に行ってもよいことにしています。私たちは、この活動を「エドキャンプ」からもじって「生徒キャンプ」[21]と呼んでいます。

次に紹介するのは、あなたがほかのクラスとパートナーを組んだらすぐにできる、面白くて夢中になれる異年齢活動です。

(17)　日本の読者に役立ててもらえるよう、日本語で読める本に差し替えています。
(18)　翻訳協力者から「普段かかわりのない人の前だと先入観がなくなるため、本当の自分をさらけだしやすいのではないでしょうか」というコメントがありました。加えて、交流の相手が毎日接する必要のない相手であるという点も重要だと思います。
(19)　「オゾボット」は、色を識別しながら、紙上に書かれた線の上を走っていく小さいロボットのことです。アプリを使って、どの色でどのような動きをさせるかをプログラミングしながら遊びます。「コード」は、さまざまなゲームを体験したりつくったりしながら、プログラミングを学ぶことのできるオンラインコンテンツ（https://code.org）です。「オスモ」は、iPadに専用のキットを装着させて遊びます。画面の前でいくつかのブロックを組み合わせながら、画面上のキャラクターに命令どおりの行動をとらせていくゲームです。
(20)　教室の中で、それぞれの活動に集中できるようにしたスペースのことです。詳しくは『ようこそ、一人ひとりをいかす教室へ』（前掲、北大路書房）を参照してください。
(21)　エドキャンプとは、教育関係者が自分たちでつくる自主的な学びの場のことで、誰にでも参加の機会が開かれている点や、セッションのテーマが当日の参加者によって決められる点に特徴があります。通常、三つから四つのセッションが行われますが、各セッションは複数の教室や会議室に分かれて行われます。テーマは授業の手法をはじめ、校務運営、教育分野におけるイノベーションなど多岐にわたります。エドキャンプについて詳しく知りたい方は、http://www.edcampjapan.org/#info をご覧ください。

エム・アンド・エムゲーム

パートナー間の信頼関係を築くうえで、最初にするのにもってこいの活動です。まず、生徒同士をペアにし、各ペアにエム・アンド・エムのチョコ（M&M）の小袋をわたします（このとき、ランダムにペアを組んではいけません。誰と誰をペアにするかしっかり考えましょう）。

次に、一方の生徒が順々にチョコを袋から出していきます。チョコの色によって、もう一方の生徒に答えてもらう質問が決まります。たとえば、赤のチョコを出した場合は「休み時間や放課後、週末に何をするのが好きですか？」、緑のチョコを出した場合は「家族やペットのことについて教えてください」という質問です。

もし、教室にお菓子を持ち込むことが認められていないなら、サイコロで代用することもできます。出た目によって質問が決まるようにするのです。

ボートをつくろう

異年齢のパートナーと一緒にするのに、このうえない活動です。私たちの学校では、「レイン・ガッター・レガッタ（Rain Gutter Reggatta）」[22]という、雨どいを使ったレース・イベントを開催しています。

このレースでは、三年生と四年生が園児とペアを組み、いろいろな材料を再利用してボートをつくります。空き瓶や、食堂で手に入る牛乳やジュースのパック、新聞、ティッシュペーパー、アルミホイル、ストローなど、簡単に入手できる材料を使います。ボートが完成したら、水を満たした雨どいにボートを着水させ、ペアで競争するのです。

もし、レース用の雨どいが手に入らない場合は、水を貯めた桶と硬貨を使います。どちらのボートがたくさんの硬貨を積み、水に浮き続けられるかを競うのです。

綿棒迷路

片方のペアが綿棒を並べて迷路をつくり、一方のペアがレゴのミニフィギュアを動かしながらゴールを目指します。教師は、できるだけ難しい迷路をつくるようにと生徒を励まします。この活動を行うために教師が用意するものは、綿棒とレゴ、もしくはキャラクターのミニフィギュアだけです。

(22)　アメリカでは、ボーイスカウト活動の一環として行われているポピュラーなレース・イベントです。レースの様子を見たい方は、"Rain Gutter Regatta"で検索すると、ボートをつくっているところやレース中の動画を見ることができます。

明日からやってみよう

静かな生徒や大人にとって、騒々しい世界のなかで静けさを見つけることは大変な作業となります。私たちが住んでいるのは、外向的な人に最適化された世界、すなわち人付き合いがよく、活動的な人が称賛される世界です。それでは、どうすれば内向的な人の困難を正しく理解し、彼らの成長を助けることができるでしょうか？　あなたが毎日教えている生徒について熟考することからはじめましょう。

あなたの教室には、外向的な世界を生き抜くために外向的な人のマスクをかぶって「ゲーム」を演じているデレクのような生徒はいませんか？　彼らは、本来の自分になれる機会をもつことができていますか？　外向的な人を理想とする文化に対するあなた自身の考えを変えるために何かをするとしたら、どのようなことが考えられますか？

あなたの同僚についてはどうでしょうか？　私のようにスタッフ・ルームから姿を消したり、集まりを頻繁に欠席したりする人はいませんか？　もし、その存在に気づいているなら、私たちの周囲には静かな時間を必要とする人がいるということを理解してください。そして、彼らが自然とそのような時間がもてるようにしてください。一人になりたいという彼らのニーズを尊重しましょう。

もし、あなたが内向的な人であるならば、自分がエネルギーを充電し、活力を取り戻し、リラックスする時間をもつようにしてください。それらは、一日を生き抜くうえで必要なことなのです。何よりも大切なことは、自分のニーズを満たすことを自らが肯定することです。あなたは、ほかの誰でもなく、あなた自身を生きているのですから。

 自分への置き換えノート

・仕事のなかに静けさを見つけるために、どのようなことを日課にしますか？　二つ書きだしましょう。

回答1

回答2

・本書で紹介したアイディアを振り返って、自分の学校で実現させたいものを一つか二つ選んでください。セルフケアの機会をつくりだすために、管理職や教職員に提案してみましょう。

回答1

回答2

・クラスの静かな生徒が本来の自分を発見し、心の安定を築くために何ができるでしょうか？

回答

一人ひとりが「一日を生き抜く」ために行っていることや、やりたいと思っていることについて、同僚や教師仲間と話題にしたり、失敗談や成功談を語りあったりしてみませんか？

第4章

学校は静かな生徒を過小評価している
――「授業への参加」を再考する

私が静かだからといって見くびらないでください。私は口にするよりも多くのことを知っていますし、話している内容よりも多くのことを考えています。そして、あなたが知っていることよりも多くのことを見抜いているのです。（ミカエラ・チョン［Michaela Chung］著述家）(1)

これまで、内向的な大人の特質を明らかにしてきました。また、彼らが内向的な教師として、社交性を重視するようにつくられた学校を生き抜いていく方法まで紹介してきました。ここからは、同じジレンマに直面する生徒について考えていきましょう。静かな生徒として過ごしていることから生じる学校での問題や論点を少し掘り下げてみましょう。

（1）　二〇二一年五月現在、内向的な人をテーマに二冊の本と一冊のオーディオブックを出版しています。彼女のWebサイト（https://introvertspring.com/）では、人間の内向性をテーマにしたエッセイや内向的な人に向けたさまざまなアドバイスを読むことができます。

今日の教育界では、「参加する」や「夢中で取り組む」という言葉がたくさん使われています。それらの多くは同じ意味で使われているため、教育者は「生徒が夢中で取り組む」ことを間違った意味で定義したり、解釈している可能性があります。(2)

私が二六年以上勤めている学校では、授業で発言し、注意深く話を聞き、宿題を提出し、教師の質問に時折答え、ルールに従っている生徒が「夢中で取り組んでいる生徒」と見なされています。しかし、私の考えでは、これらの振る舞いは「夢中で取り組んでいる」というよりも単なる「従順」でしかありません。答えを出さずにいられない切実な問いはどこにあるのでしょうか？授業の流れを止めてまで質問をする生徒の姿や、授業内容をノートにとる代わりに「なぜ」を問いかける生徒の姿はどこにあるのでしょうか？

『ウェブスター辞典』(3)によると、「参加」とは「物事に参加していることを示す状態や行動」という意味になっています。一方、「グロッサリー・オブ・エデュケーショナル・リフォーム」(4)には、「夢中で取り組むとは、学びの対象に生徒が示す注目や好奇心、ポジティブさ、情熱の高さを示すもの」と書かれています。このように、「参加する」と「夢中で取り組む」には明らかな違いがあるのです。

もし、学校が学びに対して、夢中にさせることよりも参加させることに重点を置いているのであれば、私たちの目の前にいる素晴らしき思索家や問題解決者、そして静かな生徒の多くは学びへの潜在能力を開花させないままとなってしまうでしょう。

具体的に考えてみましょう。次のような場面を想像してください。

ある生徒が自分の席に座って周囲に注意を払い、話し合いをノートに記録しています。一方、別の生徒は自ら説明を行い、問いを投げかけ、話し合いを進めていますが、ノートには何も記録していません。さて、どちらが授業に参加していて、どちらが夢中になって取り組んでいるでしょうか？　そうです！　このような場面ではすべての生徒が授業に参加しているわけですが、夢中になって取り組んでいるのは後者となります。(5)

ノートをとっている姿を見ると、あたかも生徒が従順に振る舞い、授業に参加しているように見えるわけですが、それがそのまま「夢中で取り組んでいる」ことを意味するわけではありませ

---

(2)　日本の教育界のここ数年のキーワードは、「主体的・対話的で深い学び」です。

(3)　一九世紀初頭にノア・ウェブスター（Noah Webster, 1758〜1843）が初めて編纂した辞典のことです。

(4)　オンラインで公開されている教育改革用語集です（https://www.edglossary.org/）。"Glossary of Educational Reform"で検索すると閲覧することができます。

(5)　活発に話し合いに取り組む外向的な生徒こそが学びに「夢中」になっているように聞こえますが、決してそうではありません。外向的な生徒は、話し合いに取り組んではいますが、そこでの発言が思いつきのものが多く、中身のないものに終始してしまう傾向があるからです（第1章を参照してください）。ここで重要なのは、表面上の振る舞いではなく、学ぶことへの興味やじっくり考えるといった生徒の内面を見極めていくことです。

ん。学びに夢中になるためには、その授業の何が大切なのかを見極め(6)、興味を示し、心のエネルギーを燃やして学ぶことが不可欠となります。

息子と娘が中学生のとき、学校では授業への参加を評価するために、ノートや作品をまとめたバインダーを定期的に提出させていました。教師には、よく整理されたノートやバインダーは授業への活発な参加や興味の高さを示しているという考えがありました。とても面白いことに、息子はバインダーチェックの評価が常に高かったのですが、教えられていることに対する興味はほとんどありませんでした。単に授業のルールを守り、従っていただけなのです。要するに、授業に参加していただけであって、内容に対して夢中になって取り組んでいなかったのです。

結局、彼は多くを学ぶことはありませんでした。好奇心が刺激されたり、自分の情熱や興味がどこにあるのかについて探究する機会がなかったので、退屈して帰ってくるという日がほとんどでした。

一方、娘は、ルールを順守するだけといったことはほとんどなく、常にそばにいなければどこに行ったか分からなくなるほど活発に動き、授業を楽しんでいました。ただ、教師に認めてもらえるようにバインダーを管理することができなかったのです。学びに夢中になり、興味を示していたときでさえバインダーをきちんと整理することができなかったため、成績の低さという点では苦い思いをすることになりました(7)。

このような評価を続けていくと、生徒は世界最高のノート作成者にはなれるかもしれませんが、教えられている内容にはまったくもって注意を払わなくなってしまいます。

もう一つ、私が小学校の算数の授業でよく目にする光景を紹介しましょう。

算数における特定の概念を学んだ生徒は、それを何度も繰り返して問題を解きます。方程式のように計算式を解くことはできますが、自分の問題の解き方を説明したり、日常のリアルな状況や文章問題を解くように言われると、困ってしまうのです。要するに、このような生徒は計算式を解く以上のことができないのです。

一連の手順に従って機械的に計算問題を解くという行為は、単に参加していることを表しているだけです。それに対して夢中で取り組むという状態では、問われていることは何かを自分で特定し、どのような方法を用いればいいのかと判断するための能力が必要となります。

（6）つまり、生徒が学びに「夢中」になることには、クリティカル・シンキング（大切なものとそうでないものを見極められる力）を働かせながら学ぶことが含まれているということです。

（7）翻訳協力者から、「ノートや作品をまとめたバインダーがよく整理されていることと、学習の参加や興味の高さとの関係については、ここで紹介されているようなケースもあれば、ノートやバインダーがよく整理されていて、学習への参加や興味も高い場合もあると思います」というコメントがありました。訳者は、評価者が「バインダーがよく整理されている＝学習意欲が高い」という暗黙の考え方を捨て去ることが大切だと考えています。

授業への参加を重視している教室では、多くの生徒、とくに静かな生徒は無視されてしまいます。彼らは、ノートをとることで授業に参加しているかもしれませんが、必ずしも夢中で取り組んでいるわけではありません。また、教師は、静かに物事を考える生徒よりも活発に参加している生徒を高く評価するといったことが多いというのも事実です。

たしかに、教師の目から見れば、静かに物事を考える生徒は夢中になって取り組んでいるように見えないかもしれません。しかし、彼らは、今後の授業のなかであなたを驚かせることになるかもしれないのです。私たち教師には、そうした機会をつくる必要があります。つまり、私たち教師は、誰が学びに夢中になっていて、誰がルールに従っているだけなのかについて、見分ける方法を考えなければならないということです。表面上の振る舞いに惑わされることなく、見分けられるようにしなければなりません。

 終わりのない闘い

私の経験上、授業への参加を評価することには常に困難がつきまといます。これまで勤務してきたすべての学校で、授業への参加は常に評価の対象とされており、しかも成績に対する比重が大きなものでした。また、何を評価の対象にするかということや、それらの比重をどうするのか

ということについては、教科や学年での合意が毎年必要とされていました。

私は、これらの会議をとても恐れていました。「なぜ、授業参加の比重が一番大きいのですか？」と、ほかの教師へ質問をしてしまうという異端の存在だったのです。この質問に対する答えは、「いつもそうしているからです」、あるいは「成績の合計を一〇〇パーセントにするために、評価の対象を追加しなければならないのです」といったようなものでした。さらに質問を続けようとすると、主任や管理職から止められるというのが常でした。波風を立てないようにと、釘を刺されることすらありました。

このような議論に負けても、私は簡単に諦めませんでした。授業参加があまりにも重視されすぎていると異議を唱え続けました。毎年、それに反対する多くの理由や、授業参加の評価が不利に働いた生徒の例、授業参加が成績全体の三〇から四〇パーセントを占めている状態がいかに高すぎるのかについて説明を続けました。ある年は一〇パーセントまで減らすことができましたが、ほとんどの年は二〇パーセントが限界でした。

ただ、隣接する三つの州の教師と話した結果、多くの学校では、何を成績の対象にするかということや、その比重については、議論の俎上（そじょう）にすら載っていないことが分かりました。教育委員会が決めたことを教師は受け入れなければならないからです。

少なくとも私の場合は、自分の思いどおりにならないことが普通という状態でしたが、そうした会話をする自由だけは与えられていたということです。

二〇一六年に私は現在の学校に異動しました。そして、評価の対象と比重を決める新年度最初の教科会議に参加しました。異動したばかりだったので、椅子に座って会議の内容をじっと聞いていたのですが、ここでも、これまでのやり方が優先されていることに気づきました。授業参加は評価すべきではないし、もし評価するとしても一〇パーセント以内にすべきだということを示す証拠や例を可能なかぎり提供しました。

残念ながら、そこでの議論には負けてしまったのですが、四年生担任にもちあがった二〇一七年にも同じことを主張しました。このときは、「あなたが言う授業参加の定義は何ですか?」や「それをあなたの教室に置き換えると、どのような行動や発言になりますか?」などの質問からはじめることにしました。同僚の答えは次のようなものでした。

「活発で、教師に注意を払い、挙手をし、クラスの話し合いにおいて、教師から出される問いや促しにもよく反応し、全体や小グループの話し合いにすぐに参加して会話を開始し、グループで出された質問を全体に広め、教師からの促しなしに自分の意見やアイディアを発信できる生徒が『授業に参加している生徒』である」

このような回答を椅子に座りながら聞いたあと、私は「静かな生徒についてはどうでしょうか?」と質問を付け加えました。そして同僚も、三年生から知っている数名の生徒名を出して、彼らは授業に積極的に参加している熱心な学び手かどうかを尋ねました。

彼らは素晴らしい生徒ですが、間違いなく静かな子どもと見なされる生徒です。なかには、恥ずかしがり屋の生徒もいます。三年生を担任していた昨年の様子から判断すると、個性診断テスト(8)を受けていたら間違いなく内向的な人に分類されるような生徒です。同僚の意見は、「彼らの授業参加の仕方はほかの生徒と違うが、間違いなく授業に参加している」というものでした。

この会話が、授業への参加を考え直す転換点となりました。同僚がよく知っている生徒の例を挙げることが、彼らが授業への参加について述べたような従来の考えよりも多様な形をとりうることを理解してもらうための「チケット」になったのです。

私は、「授業参加」という現在の評価対象の代わりに、「学びに対する習慣(9)」を評価の対象とするように提案しました。これは、話し合いに参加するために手を挙げたり、教師に質問したりすることだけを指すものではありません。

ペアやグループで協力して学びに取り組むことはもちろん、自分の学びに対する誇りや学びを大切にする気持ちを示すこと、適切な資料や道具を使って授業に備えること、割り当てられた家

(8)　個性診断テストについては、第1章で詳しく説明しています。
(9)　翻訳協力者から、「『習慣』という言葉から、その場かぎりの態度ばかりを評価しているのではないということが分かります」というコメントがありました。

庭学習を完了させること、学びに対する前向きな姿勢をもつこと、他人や彼らのアイディアを尊重すること、そして学びのコミュニティーの一員になりたいという意欲を示すことなどが含まれています。

私たちは、これらを評価の対象に位置づけたのです。このことは、静かな生徒だけでなく「すべての生徒」にとっても勝利だと思いました。もちろん、保護者や生徒にも歓迎されました。ただ、二〇一八年には、教育委員会の発令によって「授業参加」が全体成績の二〇パーセントを占めるようにと戻されましたが、本書を印刷している時点では私たちの通知表からは外されています。何人かの同僚の懸命な努力のおかげです。

保護者に対して、「あなたの子どもはもっと授業に参加する必要がある」と何回言ってきたのかと振り返ってみてください。全国の多くの学校において、授業参加は成績評価の対象であるか、少なくとも「満足できる」、「改善を要する」、「不十分」といった段階のもとで進捗状況が測定されています。これまで教師は、クラスでもっとも活発な生徒、すなわち教室の中央前列に座り、挙手し、自分の思いを表現する生徒ばかりに注意を向けてきました。良い意味にせよ悪い意味にせよ、「社交性のある生徒」が教師の関心を集め

> 静かな生徒や内向的な人は、困っているクラスメイトに手を差し伸べたり、助言したりすることがよくあります。

てきたということです。

静かな生徒により貢献する教育を行うために、私たちは再考しなければなりません。ここでは、授業参加に対する考え方を見直すきっかけとなるいくつかの事例を紹介していきます。

事例1――認められるための闘い

ニュージャージー州の小学校教師であるジャクリン先生は、その内向的な学びのスタイルのために、現在通っている大学院でさまざまな困難を経験してきました。授業の課題では平均して「Aプラス」の成績をとっていたのですが、最終成績が「Aマイナス」に下げられてしまったのです。なぜ、最終成績が課題の点数を反映していないのかについて大学教員に尋ねたところ、「学びに夢中になっていないからだ」という答えが返ってきました。その大学教員はさらに、「もっと授業で発言し、話し合いに参加してくれると思っていた」とか「あなたの能力の高さは分かっているが、それが授業で表現されていない」などと説明したようです。

この説明を聞いたとき彼女は、教室においては自分を偽らなければ価値ある存在だと思われない、と感じました。このことが、彼女を学び手としてのジレンマに直面させたのです。よい成績を得るために外向的な人のふりをするか、内向的な学生として教室で認められるために闘うかという、どちらかを選ばざるを得なかったのです。

すべての教育者は、話し合いにおいて発言する能力が高い生徒や学生ほど人生で成功する可能性が高いという考え方を捨て去る必要があります。こうした考え方は、まさに「理想としての外向性[10]」にとらわれている状況を暗示しています。

事例2――本当のリーダーとは？

ミアは自ら脚光を浴びたり、周囲から注目の的になったりはしませんが、常に優秀な生徒です。周りの人は、これを彼女の「弱み」だと見なしがちですが、実際には周りに注目されずに作業をすることが好きなだけで、誠実で粘り強い生徒です。このような彼女の個性は、彼女が「全国優秀中学生協会（Junior National Honor Society: NJHS)[11]」への入会候補者となったとき、校内で問題を引き起こすことになりました。

彼女は成績も優秀で、地域団体や慈善団体にも入っていました。また、学校でも熱心にボランティア活動などに取り組んでいました。そんな彼女が落選してしまったとき、母親は学校の決定に疑問を呈しました。それに対する回答は次のようなものでした。

「彼女の学業成績や学校内外での活動実績は推薦基準に達するばかりか、それを上回ってすらいましたが、多くの教師が、彼女は授業中に手を挙げない、と指摘したのです」

これらの指摘が、彼女は本当のリーダーではないという判断を管理職に下させることになったのです。

本当のリーダーというものは、外向的な人間である必要はありません。声高にものを言ったり、一番の注目を常に集めたりする必要はないのです。歴史上においてもっとも有能なリーダーのなかには、陰で仕事を行い、自らの栄光を求めなかった人がいたぐらいです[12]。

私たちが教えている生徒のなかには、常に挙手はするけれども、いざ指名されると意味のない発言をする生徒や、周りのことは考えずに思いつきで発言するといった生徒がいます。一方、静

(10)「理想としての外向性」とはスーザン・ケインがつくった言葉で、「外向的な人を人間の理想と見なす考え方」を指します。第3章でも詳しく説明されています。

(11) 中学生の①学びへの熱意を生みだす、②奉仕の心を高める、③リーダーシップを開発する、④責任ある市民としての自覚を高める、⑤個性を伸ばすことを目的として、一九二九年に設立された団体です。成績が優秀かつボランティア活動などに熱心な生徒が各地区で選抜・推薦され、入会資格を得ることができます。会員になった生徒は、各地区でボランティアや慈善活動に取り組むとともに、リーダーシップ開発プログラムなどに参加します。

(12) こうしたリーダー像は「サーバント・リーダーシップ」と言われます。部下や周囲の人々を自らに従わせる「支配的リーダーシップ」とは対照的に、部下や周囲を支えることを第一とし、そのなかで相手を導きながらともに活動に取り組んでいくリーダーのことです。一九七〇年にロバート・グリーンリーフによって提唱され、現在は「NPO法人　日本サーバント・リーダーシップ協会」も設立されています（https://www.servantleader.jp/）。ロバート・グリーンリーフの著書には、『サーバントリーダーシップ』（金井壽宏監修、英治出版、二〇〇八年）などがあります。

かな生徒や内向的な人は、困っているクラスメイトに手を差し伸べたり、助言したりすることがよくあります。彼らこそが本当のリーダーであり、これからの社会の担い手なのです。学校は、静かな生徒にもっと関心をもつべきです。私たちは教師として、静かな生徒を支援し、より効果的に教えるための行動を起こさなければなりません。

ここまでの内容を具体化する方法──静かな生徒の声を周りと共有する

すべての生徒の声には耳を傾けるだけの価値があります。ジャクリン先生とミアの例はあまりにもありふれたものですが、何人かの活発な生徒の声が教室を満たしている状況では、すべての生徒の声を聴くというのは大変なことです。ここでは、静かな生徒の声を教室に響かせ、学びに夢中になることを促す方法について紹介していきます。

授業前や授業の最後に振り返り活動(13)を行う

これらの方法を使うと、生徒は授業前や授業の最後に自分が理解していることを示すことができます。インデックスカードや付箋、事前に準備した用紙を使えば、簡単かつ素早く行うことができます。

もし、テクノロジーを手軽に試してみたいという人は、「グーグル・クラスルーム（Google Classroom）」の質問機能や「ポール・エヴリウェア（Poll Everywhere）」、「グーグル・フォーム（Google Form）」、「アンサー・ガーデン（AnswerGarden）」といったアプリやオンラインソフト[14]がおすすめです。これらを駆使すれば、生徒（とくに静かな生徒）は授業の理解状況や解決できていない疑問、言い残した意見などを表明することができます。

協働作業のためのデジタル空間をつくる

ジョージア州アトランタの教育工学専門家であるマキシャ・ロジャース（Makisha Rogers）は、これらのデジタルツールは「学びの変革者」になり得ると言っています。たとえば、デジタルの掲示板（digital corkboards）を使えば、生徒はクラスメイトの前で声を上げることなく自分の考えを表明することができます。また、周囲の目を気にせずに考える時間をとり、自分の反応を

(13)　授業の最後に行われる振り返り活動は、「出口チケット（Exit Tickets）」とも言われます。教室を退出する際に提出する「振り返りカード」のことです。用紙の大きさというか、書く欄のスペースが大事です。多すぎるよりは、少なめのほうが書く気をそそるようです！

(14)　これらはアンケートを作成するためのアプリで、質問項目や回答形式を自由に設定することができます。グーグル・クラスルームの質問機能とグーグル・フォームは、日本語で使用することができます。

吟味することができます。多くのデジタルツールでは、生徒は必要に応じて、自分の書いたものを編集することもできるのです。

このような協働作業のデジタル空間は、生徒が各自でじっくりと準備したあとに、クラスメイトと口頭で考えを共有することができるため、より深みのある話し合いにつながる可能性をもっています。なかでも私のお気に入りは、「パドレット（Padlet）」[15]という掲示板アプリです。このアプリは、匿名か自分の名前で返信するかについて選択することができます。

準備は簡単です。教師用のアカウントをつくったあと、生徒に考えさせたい問いや文章の一節、テーマを掲示板に書き入れ、リンクを生徒に送ります。生徒はアカウントをつくる必要はありません。リンクをクリックし、サインインをするだけです。スマートフォンやタブレット、デスクトップPCなどいろいろな機器で反応を書きこむことができます。もちろん、書きこんだあとに付け加えたり、修正したり、削除したりすることも可能です。

協働作業のデジタル空間を提供してくれるアプリやシステムとしては、ほかにも「ドット・ストーミング（Dotstorming）」や「アイ・ブレインストーム（iBrainstorm）」、「グーグル・ドキュメント（Google Document）」、「ポップレット（Popplet）」、「トレロ（Trello）」、「ミロ（Miro）」などがあります（グーグル・クラスルームでドキュメントを使うときは、生徒も文章を編集できるように設定しましょう。そうすると、生徒同士で一緒に文章を書くことができます）[16]。最初にいくつか試してみて、自分と生徒に一番あうものを選ぶとよいでしょう。

生徒をエンパワーする、すなわち自分自身が学びの主役だという感覚をもたせ、関心や能力を存分に発揮できるためのさらなる方法として**図4－1**があります。

(15)　一枚の画面上に各人が自分の考えや写真、動画などを投稿し、全体で共有することのできるアプリです。お互いの投稿を読みあい、コメントをつけあうことができます。同じことは、「グーグル・ドキュメント（Google Document）」や「グーグル・スライド（Google Slides）」でも可能です。

図4－1　生徒をエンパワーするための方法

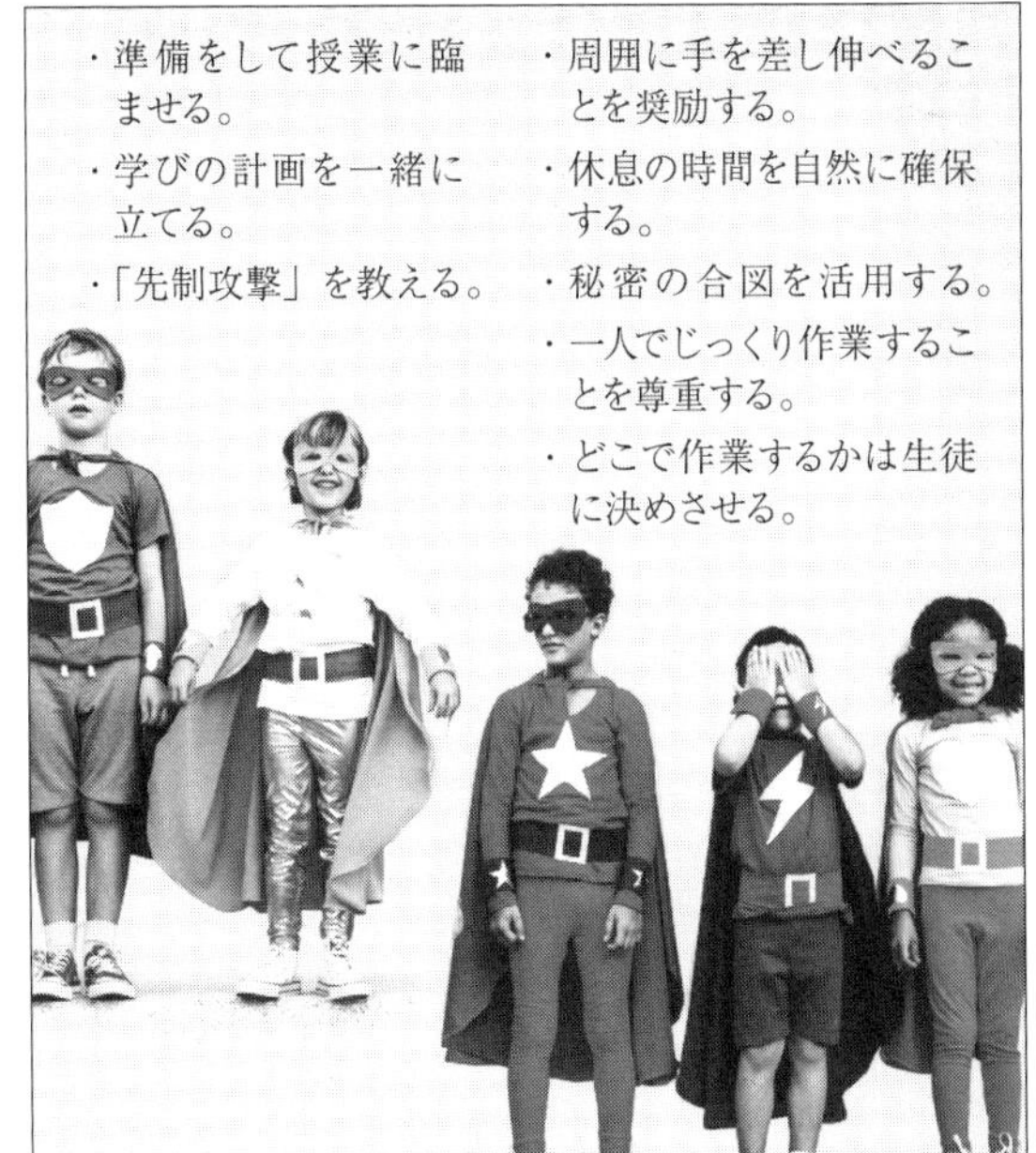

「先制攻撃」を教える

図4-1の中にある「先制攻撃」は、「はじめに」でも述べたように（四ページ）、私が学校に通いはじめて早い時期に身につけた対処法です。学校という空間で生き抜いていくために、一〇〇パーセントの自信がない質問やテーマ、話題に出合ったときに感じる不安を克服するための方法を見つけなければなりませんでした。

その方法とは、常に準備を行い（多くの場合、準備をしすぎましたが）、質問に対して最初に答えたり、話し合いで最初に発言したりするというものです。そして、三年生になるころには、最初に挙手をして発言する生徒の一人になれたならば、グループや全体での話し合いに対するいかなる不安も和らげることができると分かってきました。

これは、恥ずかしがり屋の人や静かな人といった内向的な人に対する典型的なイメージには反していますが、私にとっては有効でした。話し合いに即座に貢献できなければ、足は上下に揺れ、膝は震え、心臓が激しく脈打ってしまいます。隣の人にも聞こえているんじゃないかと思えるほどです。ひとたびそのような状態になってしまうと、単語をつなげて話すことすら不可能なのです。話し合いが終わるか次の話題に移るまで、これらの不安がなくなることはありませんでした。

高校生になると私は、勇気を振り絞って、授業で早めに指名してくれるよう先生にお願いをするようになりました。ほとんどの先生には無視をされましたが、何人かの先生には感謝をしています。

私からみなさんに提案したいのは、生徒にこのような話をして、最初の発言権をそれが必要な人に譲ることが可能かどうかを確かめてみてはどうか、ということです。とても面白いことに、ある研究において、会話で最初に発言する人や議論を自分からはじめる人、他人より先に意見を述べる人は、ほかの人よりも優秀だと見なされる傾向にあることが分かっています。これは、先にも述べたように、外向的な人が理想だと考えられているからです。クラスの内向的な生徒にこの選択肢を提案して、彼らが実際に自分の考えを周りと共有しているとき、それが役に立っているかどうかを確認しましょう。

準備をして授業に臨む

活発に授業に参加するための努力は、教室に入る前からはじまっていることを生徒に教えまし

---

(16)　これらのうち、日本語で使えるものとしては「グーグル・ドキュメント」と「トレロ」があります。グーグル・ドキュメントは文書作成ソフトですが、リンクを知っている人同士で気軽に共同編集できる点が特徴です。トレロは、集団で一つのプロジェクトを進める際におすすめのアプリです。メンバーで分担した作業の内容や進捗状況を一目で総覧することができます。「ミロ」のように共同で使えるホワイトボード機能をもつソフトとしては、「グーグル・ジャムボード（Google Jamboard）」があります。

ょう。そして、授業に向けてどんな準備が必要かを教えましょう。授業に向けてどんな準備が必要かを考えることは、自然に身につくものではなく一種の「技能」なのです。生徒に教えることのできる準備の方法をいくつか紹介します。

・教師やほかの生徒に質問するために、これまでのノートを読み直し、そこで学んだ概念やアイディア、事実のリストをつくります。
・教科書や本の指定された部分を熟読し、前もって質問を考えます。
・ほかの生徒と勉強班をつくります。オンラインのディスカションボードやメール、ボクサー(Voxer)[17]などの通話アプリを使って一緒に学ぶこともできます。

計画を立てる

静かな生徒と一緒に、授業に向けた計画を立てましょう。彼らが、授業のはじまる時間よりも少し早く教室に来ることを許してあげてください[18]。このちょっとした時間で、授業へ参加する生徒の力を高めることができます。その時間は、前回の授業の内容や今日の授業で話し合う内容について、生徒がノートを読み直したり、問いを練ったり、気持ちをリフレッシュさせるのに最適なものとなります。同じことは授業後にも言えます。次の授業へ向かう前に、ほんの少し教室にとどまって、授業で考えたことを整理することができます。

秘密の合図を活用する

何年もの間、私はうなずきや肩を叩くといった秘密の合図を活用しています。静かな生徒に、「あなたの番が来るよ」と早めに知らせ、話し合いに貢献するよう励ますためです。それぞれの生徒に話しかけ、教室で彼らが出合うかもしれない障害について話しましょう。そして、個々の生徒にとって役に立つような行動計画を立てるのです。

教室における秘密のコミュニケーション

授業中にあなたが話していたり、ビデオや映画を観せたりしているとき、小声でささやきあっている生徒を見たことはありませんか？　何を話しているのかを尋ねると、すぐに彼らは静かになってしまいます。エストレラとポールという生徒は、まさにその典型とも言える男の子です。

（17）トランシーバーのようなもので、相手と音声をリアルタイムで送受信しあうアプリです。写真やテキストを投稿することもできます。

（18）アメリカの中学校や高校では、生徒が各教科（教師）の教室を回って授業を受けます。

多くの場合、彼らは静かですが、二人が一緒になると早口で話しだすのです。席を離したときでさえ、お互いにやり取りする方法を見つけだしていました。

一度このようなことがありました。そのとき、私たちはロイス・ローリーの『ふたりの星』（掛川恭子ほか訳、童話館出版、二〇一三年）を読んだあと、それを参考にしてつくられた『真夜中の奇跡（Miracle at Midnight）』という映画を観ていました。これは、ホールマーク・ホール・オブ・フェイム（Hallmark Hall of Fame）という、あるテーマに関連するさまざまな作品を放送するテレビ番組の一部としてつくられたものです。

本と映画を比較したり、本と同じように映画を注意深く分析するため、定期的に映画を止めて話し合いを行っていました。

エストレラとポールが話す小さな声は、グループや全体の話し合いではまったく聞こえません。けれども、ひとたび映画が再生されると二人は会話をはじめるのです。私は彼らの後ろへ行き、会話の内容を聴きとろうとしました。「話し合いに何か付け加えたいことがあるの？」と尋ねても、何も返ってきませんでした。

私は、彼らの会話の本質をまったく理解できていなかったのです。最初は、彼らはふざけていて、授業に集中していないのだろうと思っていました。しかし、彼らは本と映画に関する課題をとてもよくこなしてしまうので、私は困惑してしまいました。

その後のある週末、私はエドキャンプ[19]のセッションに参加し、「トゥデイズ・ミート（Today's Meet）」というオンラインツールのことを知りました。これは、教室の活動の裏側で交わされる秘密のコミュニケーションを可視化するためのツールです。早速、映画の最終場面を扱うことになっていた月曜日の授業から使いはじめました（トゥデイズ・ミートは現在使えなくなっていますが、同じ目的のほかのオンラインツールがあります[20]）。

エストレラとポールはＩＣＴに詳しい生徒だったので、すぐに興味を示し、易々とツールを使いはじめました。そのときに初めて分かったのです。彼らは最初からずっと映画について話していたのです！

今や私は、彼らの打ち込んだ会話を眺めながら、彼らが考えていることや抱いた疑問、小説と映画のつながりについての理解を見抜くことができるようになりました。そのとき、私は気づいたのです。エストレラやポールのような生徒が自分の考えを安心して周囲と共有するためには、「秘密のコミュニケーション」が有効だということです。このようなデジタル空間を利用することは、みんなが教室に座って会話をするよりも豊かなものになるのです。

(19)　八七ページの注（21）を参照してください。
(20)　先ほど紹介したグーグル・ドキュメントやトレロ、ボクサーでも代用可能です。

ここまでの内容を具体化する方法――秘密のコミュニケーションを通じてオフレコで話そう

あなたの教室にいる生徒のことを考えてください。自分の考えをまとめるのに時間がかかる生徒はいませんか？　あるいは、会話の主導権を握りたがる生徒はいませんか？　エストレラやポールのように、周囲に発見をもたらす驚くべきアイディアをもっているのに、滅多にそれを表に出さないという生徒はどうでしょうか？

多くの場合、静かな生徒は話したいことがたくさんあるのです。教師や口数の多いクラスメイトに対して、挙手をして会話に参加したり、参加者に影響を与えようとしたりすることが苦手なだけなのです。年少の生徒は自分の考えを周囲と共有したがりますが、高学年になると周囲の視線が気になって共有することをためらうようになります。

そうした問題に対して、秘密のコミュニケーションの活用は、すべての人が会話に参加することのできる革新的な方法と言えます。それは、活動や行事の前や最中、あるいはその後にも行われる会話のことです。秘密のコミュニケーションは、すべての生徒が自分の見方を表現することを可能にし、普段は聞こえてこない生徒の声を聴くことを可能にします。こうしたコミュニケーションでは、「すべて」の生徒が自分の声を表現することができます。周囲からの圧力を気にせずに問いを発し、活動に参加し、会話を続けることができるのです。

忘れないでください。秘密のコミュニケーションは、教室での話し合いを単に置き換えたものではありません。量的にも質的にも「拡大」するものなのです。もはや、授業や活動への参加は、対面でのコミュニケーションや期間が限定されている活動への参加では収まらないのです。

あなたが信じようと信じまいと、多くの生徒はすでに秘密のコミュニケーションを行っています。授業であなたが話している間、教室の後ろの席でしゃべっている生徒のことを思い出してください。彼らを授業に引き戻すために歩いていけば、彼らが授業の内容を議論していたことが分かるでしょう。秘密のコミュニケーションは、ＳＮＳ上でも毎日行われています。生徒はツィッターやフェイスブック、インスタグラムを使って、銃規制からスナップチャットのフィルター機能に至るまでのあらゆる物事について、アイディアや意見を共有しているのです。

すでに、生徒が息抜きの時間と輝く時間をより多くもてるために、どのように一日の学習活動を組み立てることができるかを再考しはじめていることだと思います。静かな生徒を励まし、エンパワーし、輝かせるための、秘密のコミュニケーションの活用方法を紹介しましょう。

デジタルツールを有効活用する

生徒が教室で声を上げることなく考えを発信できるツールとしては、「ボクサー（一一二ページ参照)」や「フリップグリッド(Flipgrid)[21]」、「グーグル・クラスルーム」のストリーム機能があります。内向的な生徒や恥ずかしがり屋の生徒のために、これらのツールを使ってください。秘密のコミュニケーションに参加することで得られる一番のメリットは、生徒が互いの声を聴き、学びあえることです。

相互尊重の学級文化をつくる

デジタル空間に参加する一員としての権利や義務をはっきりと教えましょう。生徒に期待する振る舞いをはっきりさせ、適切なものと不適切なものの具体例を示しましょう。明確なガイドラインを設定するとともに、相互尊重の学級文化からはみ出た行為が周囲にどのような影響を与えるのかについて示しましょう。

ここまで指導したあとは、デジタル空間で起こりがちな問題を警戒しながら、秘密のコミュニケーションの内容を見守ります。

シミュレーションを行う

本格的に秘密のコミュニケーションを使う前に、練習する機会を設けましょう。このときに操作の誤りや不適切な振る舞いを共有することができれば、十分な準備ができた状態で意義深い学びの時間を迎えることができるでしょう。

後部座席に座ろう

ひょっとすると、これが教師にとって一番難しいことかもしれません。教師は後部座席に座って、生徒が主導権（ハンドル）を握るのです。生徒自身が質問を出し、話し合いを展開し、支えあっていくのです。秘密のコミュニケーションの力は、教師がステージ上で主役になるのではなく、そばで生徒を導くことを可能にする点にもあります。

宿題の手助けをさせる

秘密のコミュニケーションを使えば、教師が「宿題の管理人」になることなく、生徒が互いに質問しあい、教えあうことができます。もちろん、教師が会話に入って答えるといったこともありますが、小学三年生くらいになれば、宿題についての質問には容易に答えることができます。ある生徒がほかの生徒に見せる素晴らしい「教師ぶり」に驚くことでしょう。

---

(21)　フリップグリッドも、パドレットと同様、一枚の画面上に各人が自分の考えや写真、動画などを投稿し、全体で共有することのできるアプリです。もちろん、お互いの投稿にコメントをつけあうことも可能です。

生徒の好奇心や興味を捉える

生徒が、不思議に思ったことや疑問に思ったこと、創作のアイディアや夢中になっていることを投稿できるデジタル空間を設け、一年中開放しておきましょう。生徒を動かしているものが何なのかを見抜く手助けになります。もちろん、ほかの生徒にとっても、クラスメイトの投稿に触発されたり、自分の疑問や夢中になっているものを振り返ったりする機会になります。

同時進行の話し合いを促進しよう

私がお気に入りとしている秘密のコミュニケーションの使い方を一つ紹介しましょう。それは、ビデオや映画を観たり、プレゼンをやったり、実験をしたりしている最中に秘密のコミュニケーションを使うというものです。そうすれば、生徒はやりたいと思ったときに自分の考えを周囲と共有することができます。また、自分の学びを中断させずに即座に質問を行うことができます。

ブッククラブやリテラチャー・サークルといった小グループ活動を運営する

私の四年生のクラスでは、ブッククラブに「フリップグリッド」(一一八ページ参照)を使って、本について話したり、考えたことを共有したりしています。また、オンラインのブッククラブでは、生徒が話し合いを進めていきます。

生徒は、その週に読んだ本についての最初の質問を投稿して、会話をはじめる役割を順番に担当していきます。ほかの生徒は、投稿された質問に対して反応していきます。そのため、直接会ったときには、互いの考えを聴く機会がすでに得られていますので、話し合いに参加するための準備が十分整っていることになります。

こうした秘密のコミュニケーションの使い方は、内向的な生徒、とくに対面で話し合うことに不安のある生徒にとっては非常に有効となります。事前にほかの生徒の質問や反応に接することで、話し合いに参加するための準備時間が確保できるからです。

ツイッターの力

現在はメリーランド州の地域技術コーディネーター(22)を務め、自身の内向性を強みとしているサラの話をしましょう。

彼女は、ソーシャルメディアが自身の声を大きくしてくれたと言っています。代替教員認証プ(23)ログラムを修了して教師になった彼女ですが、教育者として自分の居場所を見つけるのに苦労し

(22)　学校がＩＣＴを導入し、それを駆使した教育活動や労働改善を展開することを支援する仕事のことです。

たと言います。生徒や自分の考えを支持するために声を発しなければならない場面が多々あったのですが、そうすることができなかったのです。あたかも、世界から隔絶されたように感じていました。

しかし、その後の二〇一三年、彼女はツイッターを通じて世界中の教育者が学びあっていることを知りました。そこから彼女の人生は変わりました。ツイッターにすっかり魅了されてしまったのです。すぐにこの新たな力を活用したことで、彼女はよい同僚やよい教師となるために声を発することができるようになったのです。

私たちは、ツイッターの力を教育の場に組みこむ必要があります。学校は、静かな生徒を過小評価しています。私たちは授業参加の意味を問い直し、伝統的な考え方から離れなければなりません。いつも挙手する生徒を高く評価し、そうでない生徒を低く評価するという考え方から解放される必要があります。

ソーシャルメディアは、内向的な生徒が置かれた状況を一変させる可能性を秘めています。生徒の心を開き、教室の上下関係をなくすことができるのです。ライヤン・リー（Royan Lee）は、「スパイシー・ラーニング（Spicy Learning）」という彼のブログで次のように述べています。(24)

「教室での学びにソーシャルメディアを活用することは、恥ずかしがり屋な生徒や静かな生徒に対する私たちの偏見を転換してくれます。大げさな話し方をしたり、外向的な人を装ったりすることなく、自分自身をはっきりと表現できるようになるからです。周囲とコミュニケーションをとったり、関係をつくったりする方法が人によって多様になり、レッテル貼りが教室から消えはじめます。普段はコミュニケーションをとっていないクラスメイトとも、やり取りができるようになります」

デジタル空間のもとでは、多くの内向的な生徒は周囲の騒音や教師の目線を気にすることなく、また会話への参加を迫られることなく安全に交流を行うことができます。考えを投稿したり、ツイートしたり、写真を共有したり、ビデオを撮影してアップしたりなど、多様な交流の方法があります。これらはすべて、自分の声を周囲に響かせ、学びのオウナーシップ(25)をもち、多様性を認める教室文化を共有し、学びに夢中になっていくための素晴らしい方法です。

このように、デジタル空間は、内向的な生徒が自分なりの意見や参加方法を示し、教師や外交

(23)　これは、大学の教育学部を卒業していない人に公立学校の教師になる資格を与えるために、州ごとに実施される研修プログラムのことです。アメリカの国立教育統計センターが二〇一五年から二〇一六年にかけて実施した調査によると、公立学校の教員の約一八パーセント（約六七万人）がこのプログラムを通して教員免許を取得しています。

(24)　彼のブログを閲覧したい方は、http://royanlee.com/ で検索してください。

的な生徒を驚かせてくれる「舞台」なのです。以下では、ソーシャルメディアを教室で活用していくための具体的な例を示していきます。

ここまでの内容を具体化する方法――ツイッターやインスタグラム、ユーチューブを使って学びに夢中になる(26)

クラスにソーシャルメディア専門家や写真家をつくろう

クラスの印象的な瞬間を記録したり、生徒の活動を紹介したり、写真やハッシュタグを使ってクラスに起きた出来事を説明したりするために、これらの係をつくります。教師が選んだ写真と、生徒が価値づけし、世界と共有したがる写真を比べたとき、その違いに驚くかもしれません。

「今週の生徒」を特集しよう

これは、クラスでのインスタグラムの使い方としては面白いやり方です。特集を組む生徒を選んだあと、その生徒の一週間にわたる生活を、ソーシャルメディア専門家係や写真家係が記録していきます。そして、週の終わりには写真を投稿してもらい、特集を組ませてもらった生徒や係の生徒へ感謝を伝えます。

ここで重要なのは、特集を組まれる生徒自身に使いたい写真を選ばせることです。

ブックトークの進め方を工夫しよう

生徒にインスタグラムを使うことをすすめ、自分が選んだ本のよさをほかの生徒に紹介してもらいましょう。そうすれば、お気に入りの本の写真とハッシュタグを使って、なぜその本を読んだほうがよいのかについて伝えることができます。

内向的な生徒の多くは熱心な読書家で、周りに伝えたいことがたくさんあるものです。ただ、本について話すために教室の前へ出るというのは、恥ずかしがり屋で静かな生徒には困難なこと

(25)　学びの「オウナーシップ」とは、「学びは自分のもの」という感覚をもつことを意味しています。そうした感覚をもてるからこそ、生徒は教師を喜ばせたり要求を満たしたりするためにではなく、自分のニーズを満たし成長していくためにチャレンジを続けていくことができるのです。生徒が「オウナーシップ」をもつためには、自分のニーズにあった学習を見極めたり、自分にあった学び方や発表の仕方を選択したりする機会を授業でつくりだすことが大切です。詳しくは、『教育のプロがすすめる選択する学び――教師の指導も、生徒の意欲も向上！』（マイク・アンダーソン／吉田新一郎訳、新評論、二〇一九年）をご覧ください。

(26)　翻訳協力者から「私が勤務する学校ではWi-fi環境が整っておらず、この部分の内容を実施するのは難しいと感じました。また、生徒の家庭においても、そうした設備面の格差があるので、どのように実施していけばよいのか課題が多いように感じました」というコメントがありました。訳者は、ここで挙げられているようなアイディアを日本で実現していくにあたっては、都市の学校と地方の学校、家庭間での情報格差が大きな問題であると考えています。図らずしも、二〇二〇年からのコロナ禍によって、そうした問題が表面化することとなりました。ちなみに、本書が出版されたのは新型コロナが蔓延する前の二〇一九年の一〇月です。

かもしれません。この点に関して、デラウェア州ニューキャッスルで四年生を教えているロゼリン・バーク先生が工夫に富んだ方法を実践しています。

彼女のクラスでは、一般的な本の紹介文の代わりにコマーシャルをつくって、ユーチューブにアップしています。彼女はそれらをプレイリストにまとめ、生徒たちが次に読みたい本を探す際に使っています。これもまた、静かな生徒の声を大きくするための方法と言えます。

生徒にユーチューブの動画制作者になることをすすめよう

生徒に、動画を観る側ではなく、つくる側に回ってもらいましょう。最近、私が教えている生徒の一人は、「グーグル・エデュケーション」のアカウントをもつと自動的にユーチューブチャンネルがつくられることを発見しました。今や彼は、学校の休み時間や週末に長時間を費やして生徒向けの動画をつくっています。その内容は、学校で習うよりも難しい算数を説明するというものです。

算数に関しては、私が教えたなかでもっとも優秀な生徒の一人ですが、彼の深い理解をクラスで共有することはほとんどありませんでした。そこで私は、彼にパソコンの画面録画機能のことや、「スクリーンキャスティファイ（Screencastify）」、「エデュクリエーション（Educreations）」、「エクスプレイン・エヴリシング（Explain Everything）」、「シー・ソー（Seesaw）」といったソフトを使って動画が作成できることを教えました[27]。そして、それらの動画をユーチューブチャンネルに投稿できることも（彼が週末に何をしているか分かりましたか？）。

ぜひ、授業で学んだ内容をほかの人に教える動画を生徒自身がつくる機会を設定してみてください。話し合うこと以上に効果的に学べる方法や、安全な場所でやり取りすること以上に声を発することのできる方法がほかにもあるかもしれません。探してみましょう！

生徒が授業を行い、ほかの生徒に教えている様子を撮影しよう

恥ずかしがり屋な生徒であっても、自分自身を撮影し、クラスや個人のユーチューブチャンネルで共有することには安心感を抱くようです。もし、その動画を世界中の人に見られたくない場合は、非公開にすることもできます。このアイディアは、生徒が問題解決に行き詰まったときに参考になる動画を用意しておくためのものです。

(27)　これらのアプリの特徴は、①説明のためのいろいろなフォーマットが用意されていること、②動画や写真も使用できること、③書きこみ機能が用意されていること、④作成した動画をユーチューブやフェイスブックに簡単に投稿できること、にあります。つまり、生徒が自分のアイディアをもっとも表現できるフォーマットを選択し、動画や写真を用いて、書きこみを行いながら臨場感のある動画を作成できるようになっています。また、それらを互いに見あって、コメントをつけあうこともできるようになっています。

生徒にツイッターを使うよう働きかけてみよう

シェリー・ファングは、「ペアレンツ・マガジン（Parents Magazine）[28]」というホームページに投稿した「ツイッターはクラスの恥ずかしがり屋や静かな生徒をいかに助けるか？」というブログのなかで、イリノイ州の高校国語教師であるクリス・ブロンク先生の実践を紹介しています。

彼は、九年生をクラスの話し合いに参加させるためにツイッターを使いました。生徒はすでにツイッターを使用していましたので、読んでいる文章について思いついたことや疑問、写真やコメントを投稿するように働きかけたのです。もちろん、話し合いを一つのスレッドにまとめるためにハッシュタグも使わせています。

そのうち、生徒は互いのツイートを気に入り、さまざまな時間・場所・機器からお互いがつながりはじめました。ブロンク先生は、そこで行われた話し合いが長く続き、実り多いものであることを発見するばかりでなく、生徒が読書に夢中になり、お互いのことに関心をもちあうようになっていることに気づきました。

補足　投稿される内容の適切さに不安がある場合や、生徒はクラスのアカウントから直接投稿できないという教育委員会の取り決めがある場合は、教師が投稿専用の機器を用意してください。生徒は投稿内容を写真に撮り、その機器を経由してクラスのアカウントから投稿します。また、生徒がクラスのアカウントから直接投稿できるようになっている場合は、セキュリティーを守るためにパスワードを定期的に変更することをすすめます。

最後に、生徒が共有された内容に対して発言できることを保証するために、一日か一週間の終わりに五分間とって、一斉に投稿する時間をつくりましょう。その間に、生徒はハッシュタグを使い、画像や文章を入力することができます。

ここまでの内容を具体化する方法――すべての生徒を学びに夢中にさせる

ここでは、形式張らないやり方で生徒が学びに夢中になれる方法を紹介していきます。

回転式ブレインストーミング

回転式ブレインストーミングは、実際に体を動かし、話し合い、振り返ることを大切にした方法です。新しいテーマを学ぶ前に、必要な背景知識について話し合ったり、すでに学んだ内容を

(28)　妊娠から出産、子育てにわたるさまざまな両親の悩みに答えることを目的としたホームページです。子どもの健康や安全、栄養、行動などに関する最新のニュースやQ&A、先輩夫婦の取り組みの紹介など、多彩な内容が掲載されています。興味がある方は、https://www.parents.com/ にアクセスしてください。

復習したりするために使うことができます。

まず、教師は生徒を刺激するような問いかけや情報を提示し、生徒は付箋やノート、インデックスカードに反応を書きこみます。次に生徒は、小グループに分かれ、教室中を歩きながら、いろいろな「コーナー」に一定時間とどまります。各コーナーでは、「テーマや概念について知っていることを思い起こしてみよう」とか「アイディアをグループで共有してみよう」など、さまざまな「お題」が出されます。そして最後に、グループで話し合ったことを全体で共有します。

この活動のよいところは、小グループで実際に話す前に、自分が共有したい内容を紙上に準備する時間が静かな生徒に与えられることです。こうした準備時間が設けられることで、全体でアイディアを共有することへのストレスや不安を軽減することができます。

ギャラリーウォーク

ギャラリーウォークは、生徒が自分の知っていることを振り返り、クラスメイトとのかかわりのなかで、自分の考えや不思議に思っていることを共有できるという静かな活動です。必要なのは紙と鉛筆、またはマジックだけです。

ギャラリーウォークを実際に行う前に教師は、大きな紙の真ん中に、生徒を刺激する質問や意見を書いたり、貼ったりしておきます。生徒と活動の進め方を確認したあと、教室の壁やテープルの至る所に紙を展示します。展示された紙を各グループが何周も回りながら活動を進めていきます。一周目は、生徒はすべての質問を回り、それについての考えを共有し、紙に書きこんでいきます。二周目は、ほかの人が紙に書いて共有した質問に答えたり、ほかの人の考えと関連づけて自分の考えを発展させたりします。

ギャラリーウォークの素晴らしい点は、生徒が一緒に集まり、紙に書かれた質問や意見についてじっくり考えるための時間がつくれるところです。活動のあとは、教師が新たなアイディアを提案したり、整理を行ったり、間違いを正したり、まだ答えられていない質問に答えたりすることができます。

静かな生徒にとっては、口頭で話し合う前にほかの人の考えを紙上で確認できる機会があるということは、グループでの話し合いに対して安心感をもつことにつながります。

静かなソクラテス・セミナー(29)

これは、ギャラリーウォークや回転式ブレインストーミングと似ています。違うのは、定めら

(29)　教師の講義ではなく、生徒同士の対話を通して授業を進めていく方法のことです。対話を通して互いの無知を明るみに出し、ともに新たな真理を探究していくことを愛した哲学者ソクラテスにちなんで名づけられました。ここで大切なポイントは、対話が口頭ではなく、紙上で「静かに」進んでいくことです。

れた時間内であれば、生徒が自分のペースで自由に動き回れることです。生徒は違う色の付箋を束ねたものを持ってテーマや問いが書かれた紙を訪れ、感想や疑問を貼っていきます。書く内容によって付箋を使い分けるようになっています。視覚的なイメージを表すと、**図4－2**のようになります。

読んで－書いて－ペアで話して－全体へ

これは、全体の話し合いへの恐怖を和らげるためのさらなる方法です。まず、自分一人で黙読したり、教師の音読を聴いたりしながら、感想や反応を本にメモしたり、質問への答えを書いたりします。次に、ペアで向かいあい、自分が書いた

図4－2　静かなソクラテス・セミナー

ものについて話します。そして最後に、全体の話し合いのなかで考えを共有していきます。[30]

 明日からやってみよう

内向的で静かな生徒には、外向的なクラスメイトのように活発な形で授業に参加できないさまざまな理由があります。積極的に授業に参加していないからといって、不当に低い成績をつけられるといった罰を受けるべきではありません。念のために言いますが、私は内向的な生徒はクラスの話し合いに参加しなくてもよいと考えているわけではありません。教師として、静かな生徒により良く教えるための方法を「レパートリー」に加えていくべきだと考えています。

これまで述べてきたように、私たちは、内向性をその人の弱さだとか努力すれば治るものだとかではなく、生まれつき備わった個性（一人ひとりの生徒をいかすための要素）であると見なさなければなりません。そして、彼らのニーズを最大限満たす方法を探さなければなりません。「グ生徒に、安心して授業に参加するために必要なものは何かと、ぜひ尋ねてみてください。「グ

---

(30)　この方法の多様なバリエーションが、『私にも言いたいことがあります！――生徒の「声」をいかす授業』（前掲、新評論）の九八～一〇三ページで紹介されています。

ーグル・フォーム」のような簡単な匿名調査でもよいと思います。大切なことは、彼らのニーズに耳を傾け、教師自身のプライドを脇に置き、自分の授業や教え方に変化をもたらすことです。

心に留めておいてください。あるクラスの生徒のニーズと、別のクラスの生徒のニーズは違うかもしれないのです。クラスの人数や人間関係、そして授業内容に対する自信の程度によって生徒のニーズは変わってきます。

ぜひ、協働作業のためのさまざまなデジタルツールを使ってみてください。静かな生徒が学びに夢中になれるための、新しい方法を試してみてください。そして、生徒がどのようなツールを好んでいるのか、自分の考えを大切にしながら学びを進められているのかについて確認してください。デジタルツールを使ったとしても、生徒は次の授業の内容や質問される内容が分からないと不安を感じるものです。授業に対する準備の仕方についても、時間をかけてしっかりと教えましょう。

もし、あなた自身が学校の外で学びたくなったら、生徒と使っているソーシャルメディアのアイディアを応用してみましょう。あなたの笑顔と成長を、自分のアカウントで世界と共有するのです。学ぶための最良の方法は、お互いの成功経験と失敗談を聴きあうことです。ツイッターやボクサー、フェイスブックのグループに加入してみてください。そこでは、たくさんの教育者があなたの「学びへの旅」を応援し、支えてくれることでしょう。

自分への置き換えノート

・クラスの生徒が学びに夢中になれているかどうか、ゆっくりと振り返ってみましょう。グループワークと個人での活動とのバランスについてはどうでしょうか？

回答

・来週からの授業や、自分自身の学びに取り入れる行動の計画を立てましょう。想像して、一番ワクワクするツールや方法を選ぶことが大事です。

回答

・生徒が自分の知識やアイディアを表明することのできる方法を三つ考えましょう。

回答1

回答2

回答3

・計画や目標を公にすることで、自分の言動により責任をもつことができるようになります。信頼できる同僚や友人に、目標を達成するために自分が選んだ方法と、その実行計画を伝えてみましょう。率直なフィードバックと提案をもらいましょう。

回答

・生徒が学びのオウナーシップをもち、相互尊重の教室文化を共有していくために、どのようにソーシャルメディアを使っていけばよいでしょうか?

回答

内向的な生徒も大切にする教師の「学びへの旅」について、同僚や教師仲間との話題にしたり、失敗談や成功談を語りあったりしてみませんか?

彼らは、あなたの話を聴くためにあなたを感じる必要がある

——静かな生徒とつながりましょう

一人ひとりの生徒と関係性を構築しましょう。なぜなら、生徒は「物」ではなく「人」だからです。（ラボナ・ロス［LaVonna Roth］、作家。「Ignite Your S.H.I.N.E.」の創立者）[1]

一五年にわたる中学校の教師生活で、時間をかけて計画した授業であるがゆえに、すぐに授業にとりかかってしまう教師が多くいることが分かってきました（私も含めてですが）。中学校と高校の多くの教師にとって「教える」ということは、自分の専門科目領域のことを伝えることになるので気がはやるのです。長年にわたって専門領域にどっぷりつかっているからでしょう、自

（1）イグナイト・ユア・シャインは、小学校から高校までの生徒、スタッフ、教師自身も自分のスキルや才能を使って世界を照らすことを推奨する取り組みです。自分のスキルや才能を使うことで、自分（Self）の内側（Heart）にある感情を呼び起こし（Inspire）、自分のやり方で（Navigate）、特別な（Exceptional）力に火をつけよう（Ignite）というものです。（https://ignite-your-shine.teachable.com/）

分がもっている領域の知識を生徒と共有したいわけです。

私もかつては、新年度がはじまると、初日だけは新しい環境と仲間に慣れる時間をとり、二日目から授業内容に入っていました。末の子が学校に通うようになって初めていろいろなことに目が覚め、それまでとは違った見方をするようになり、授業のやり方を変えました。ただ知識を詰めこめばよいのではなく、生徒は学ぶという過程を歩んでいることに気づいたのです。いかがでしょうか、学ぶ過程を楽しいものにしたいとは思いませんか？

私の経験からすると、生徒は楽しんでいるときのほうがより学ぶことができます。そのためには、生徒と教師の関係性を築くことが大切な出発点となります。このことを心に留めて、新年度の最初の二か月間、生徒との信頼関係を構築するための時間を私は設けるようにしました。

生徒とつながることは、教師にとってもっとも重要なことです。新年度がはじまって一週間もすると、本格的な授業に入らなければならないというプレッシャーが生じるでしょうが、初めに生徒との関係性の構築に重きを置き、会話や関係性を築ける活動を取り入れることによってクラスとしての一体感が生まれ、最終的に、その関係性が力を発揮することになります（投資した時間も回収してくれます！）。

もしリタ・ピアソン（Rita Pierson）のＴＥＤトーク(2)をまだ見ていないのであれば、ぜひご覧ください。すでに見たことがある人には、もう一度視聴することをおすすめします。「もし、あなたのことを生徒が嫌いであれば、生徒はあなたから学ぶことはないでしょう」という彼女の言葉に尽きます。

本章では、生徒、とくに内向的な生徒とつながり、関係性を構築することの大切さを示す話や方法を紹介していきます。

時間と場所さえあれば、それで十分

アメリカ東海岸デラウェア州に住む五年生のヨランダは、とても静かな生徒でした。バーク先生との一対一の会話においても、先生が質問をしたことに対して、頭を横に振るか頷(うなず)くかで答えていました。先生と話すのは本当に稀なことでした。クラスには友人もいましたが、あまりおしゃべりすることはありませんでした。

バーク先生は、教師の都合で生徒に無理をさせるといったことは好みませんでした。生徒にと

（2）　下記のQRコード（八分弱の映像）で、生徒が教師とつながり、関係性を構築したときに、その生徒の人生を変えることがあると訴えています。授業の内容だけでなく、人間としてその生徒がもっている可能性を最大限に発揮することを促すのが教育です。教師の仕事は「難しい」のです。それでも教師は、自らの仕事に取り組み続けなければならないと訴えています。

って安心でき、必要なものを整えることに集中するべきだと考えていました。そんなわけでバーク先生は、ヨランダに対して無理に発言させたりすることはしませんでした。その代わりにヨランダは、書くことで教師やクラスメイトとつながることができるということを発見したのです。

クラスで書き進めているブログにヨランダが投稿したのを見て、バーク先生は驚き、喜びました。ヨランダの「声」を初めて聴いたからです。（クラスではまったく見たことがない）自分のことを開示してくれたことに対して、コメントをしすぎたり、喜びを大きく表現したりして、ヨランダを精神的に圧倒しないように心がけたと、バーク先生は記憶を辿りながら話してくれました。そして、ヨランダの文章に対してポジティブなコメントを書きこみました。

バーク先生は、ヨランダが表現するために必要な時間と場所を提供することができたわけです。このようなやり取りを一年間続けた結果、ヨランダのブログへの投稿と、ボディーランゲージから、以前より居心地よくクラスで過ごせていることが分かりました。彼女の文章から、ヨランダが何に対して強い意見や情熱をもっているのかが分かり、投稿へのコメントを通して彼女とのつながりを築いていきました。

ヨランダのブログへの投稿は、クラスの誰よりも多くのコメントをもらっていました。クラスメイトも、彼女が何を書いているのか読みたかったのです。

学年末、四時間もバスに乗るという長距離の遠足がありました。しかもこの遠足では、電子機器の使用が禁止されていました。この遠足は、バーク先生の教師人生において、生徒とつながることができた一番の経験となりました。

この経験に貢献した一人がヨランダです。ラジオから流れてくるポピュラー音楽をみんなで歌っているときでした。『また会う日まで（See you again）』[3]というウィズ・カリファ（Wiz Khalifa）の曲でした。ラップのパートで、ヨランダが独唱しはじめたのです。誰も、彼女がラップを歌えるなんて知りませんでした。でも、彼女は素晴らしい独唱を披露したのです。バス中が大騒ぎです。自分からクラスメイトにラップが得意だと話し、その後も何度か披露しました。

この出来事は、バーク先生がつくりあげたクラスの雰囲気がなければ起きなかったことです。それは、ヨランダが自分のペースで取り組むための根気、時間、尊重、尊厳を提供したからこそ生まれたものでした。

以下では、伝統的な授業形態とは異なる形で、内向的な生徒が自らを表現する機会となるツールを紹介します。

（３）映画『ワイルド・スピード（Sky Mission）』のサウンドトラックに収録されています。

喜びとともに学んだことは決して忘れない。（アルフレッド・メルシエ［Alfred Mercier］アメリカの詩人・作家）

ここまでの内容を具体化する方法──文章を通してつながる

スーザン・ケイン（ⅱページ参照）は『内向型人間のすごい力　静かな人が世界を変える』（前掲、講談社）のなかで、「内向的な人は聞き上手、考えてから話す、そして文章のほうが表現しやすいことが多い」と言っています。

生徒に、文章を通して表現する機会を提供してください。ブログでは、考えていること、感じていること、意見など、いつでも何でも表現できます。いろいろな種類のブログがあるので試してみてください。

シー・ソー・ブログ（Seesaw Blog　https://web.seesaw.me/blogs）

これは、生徒の作文を見せあう場として使えます。生徒の名字は伏せられています。ブログは公開することもできますし、パスワードでアクセスを制限することもできます。何を掲載するかについては、教師がコントロールすることもできます。

エデュ・ブログ（Edublogs　https://edublogs.org/）

このブログでは、内向的な生徒やそうでない生徒が、共有したいものや共有したい方法を選べるようになっています。共有カレンダー、文字でディスカションができる場所、ビデオ機能などを備えています。このサイトは、ワードプレス財団（WordPress Foundation）が運営しています。

ウィーブリー（Weebly　https://www.weebly.com/jp）

このブログは、四〇人までであれば、メールを登録することなく無料でアカウントを作成することができます。公開もできますし、非公開にもできます。どちらを選ぶか、教師が権限をもっています。さまざまなテンプレートからブログのデザインを選ぶこともでき、写真やビデオをアップロードしたり、入れこんだりすることもできます。

キッズ・ブログ（Kidblog　https://kidblog.org/home/）

エデュ・ブログと同様ワードプレス財団がつくったもので、使いやすさが特徴となっています。初期設定では非公開になっています。教師が権限をもっています。

クワッド・ブロギング（Quadblogging　https://ourgloballearningspace.wordpress.com/quadblogging/）

これは、ほかのブログにはない特徴があります。登録をすると、あなたのクラスはほかの二つのクラスとチームを組むことになり、「三人組」になります。週ごとに、特定のクラスが「中心のクラス」になり、ほかの二つのクラスは「中心のクラス」のブログを読み、コメントを書きこみます。いつまで同じ「三人組」を続けるかは教師次第で、別のクラスと組みたいと申し出れば、それまでとは異なる別のクラスと「三人組」になります。

周辺にいるということ

ジェイムスにとって、四年生は大変な一年でした。彼は、課題に取り組むときは一人で作業することを好みます。授業に参加すると加点されるという評価があっても、決して発言することはありませんでした。年度のほとんどを、クラスメイトや教師（私）とも、近すぎず遠すぎずの距離を保っていました。彼は常に、何らかの葛藤を抱えているように見えました。

ジェイムスにとっては大変だったある日、下校時に少し残ってくれるようにお願いしました。肩をすくめ、(4)みんなが教室を出ていくのを待ちました。二人きりで話したかったのです。どのようなことで困っているのか、教師として私に何ができるのかと尋ねましたが、彼は何も話しませんでした。

少し経って、この会話は一方通行で発展していかないと察したので、その週末、彼の学校生活をより良いものにするために私ができることは何か、彼と私が一緒にできることは何かについて考えてくれるようにお願いしました。

月曜日になり、彼が私に手紙を持ってきてくれました。そこには、この一年間、何に力を注いできたのかについて書かれていました。また、学校の登下校中、毎日ちょっかいを出してくる中学生についても書かれていました。

その行為が、彼にとってはいかに不安をかき立て、怒りがこみあげてくるものなのかが書かれていました。午前中はこの不安と怒りを抑えようとし、午後は、帰りにまたちょっかいを出されるだろうと心配していたのです。さらに、彼の両親が離婚してから父親に会っていないこと、お父さんに会いたいと思っていることが書かれていました。これらのことが原因で彼はいつも疲れていたのです。

彼が教室で音楽を聴きながら昼休みを過ごしている理由も分かりました。また、授業に対する

（4）そんなに気は乗らないけれど、分かったというサインです。

彼の無関心さや積極性のなさは、教師の私や授業で起こっていることとは何の関係もないことが分かりました。

彼の日々の悩みが分かり、昼休みに話をすることにしました。学校のソーシャルワーカー（社会福祉士）と相談し、登下校を車での送迎にすることで中学生からの迷惑行為を避け、ストレスを軽減することにしました。また、彼が授業に参加できるように、発言する順番が回ってくるときや算数の解き方を説明するときには事前にサインを送るようにしました。さらに、私が子どものころ、一番に発言したり質問をしていた理由についても話し、大人になった今でも、同じ方法を使って不安を解消していることを話しました。

数週間後、ジェイムスに変化が見られました。まだ課題がありましたし、チームで作業することは避けていましたが、毎日笑顔で登校するようになりました。彼なりに、ゆっくりとクラスの一員になりはじめていたのです。

ここまでの内容を具体化する方法――内容に入る前に関係を築きましょう

どの教室にもジェイムスのような生徒が存在し、廊下を歩いています。学校でいじめを受けているわけではないでしょうが、何らかの問題を抱えて学校に来ており、助けを求めたり自分の感情を表現したりする方法を知らないのです。

私たちは、このような生徒とより強い信頼関係を築く必要があります。ここでは、生徒と真の関係を築き、学力向上につながる方法を示していきます。

おすすめするいくつかは、明日からでも使えると思います。なかには、今すぐにではなく、年度のどこかで使えるようにしまっておくものもあるでしょう。生徒があなたのことを知ることで心を開いてきたら、しまっておいた方法をいくつか使ってみてください。静かな生徒とほんの少しつながることで、彼らが多くを学べるようになることに驚くと思います。

これから示す方法を使うときは、自分にあっているのはどれか、自分が今いる居心地のよい場所から飛びだして生徒とつながることができるのかについて考えてから使ってください。大切なのは誠実であることです。あなたが無理をしていると、生徒は敏感に感じとってしまいます。

「私」とは(5)

これは、生徒がどんな興味をもっているのかを知る、安くて簡単な方法です。年度がはじまる

(5) What's in my name を意訳しました。小学校六年生の英語教科書に似たような活動があります。出版社によって多少異なりますが、三省堂のものはそっくりです。

とき、名札に生徒の名前を書く代わりに厚めの紙を大きめの短冊形に切って、折り紙でいうところの「山折り」にします。生徒は、そこに大きく太字で自分の名前を書き、「クラスメイトと担任に伝えたい自分」を表現する何かで飾ります。

掲載した写真は私のものです（大きく「ロマノ先生」と書き、周りにネコ、ビーチ、ゴルフ、トカゲ、本や鉛筆、アルファベットの「G」が描かれてあるネームプレートのようなものです）。

自分のネームプレートができあがった翌日、みんなで輪になって座り、お互いを知るために、何を描いたのか、自分の興味や趣味を一人ひとりが説明し、紹介していきます。

これによって、一人ひとりが何を大切にしているのか理解することができます。たとえば、ジェイミーはネコのヘアバンドをよく着けていました。また、彼女のネームプレートを見ると、やはりネコの絵が描かれていました。彼女の飼っているネコについて質問をすることで、彼女のことを知る機会になりました。

「ロマノ先生」

私の壁（Wall about me）

これは「All about me」のバリエーションで、「教師から教師へ（Teacher Pay Teachers）[6]」という教師のための素材を提供するウェブサイトで見つけたものです。自己紹介のパラグラフやエッセイ、詩を使って、自分のことを表現します。私がこの活動を気に入っている理由は、生徒がネームプレートに描ききれなかったものを加えることができるからです。私の壁は、みんなから見てもらえるように展示し、保護者会（Back to School Night）でも見てもらいます。

私は、とくに「私について知っておいてほしいこと」[7]の部分が好きです。そこに生徒は、何が自分をユニークな存在にしているのかについて書きます。成績からは見えてこない生徒の一面を知ることができる機会となります（**図5－1**を参照）。

保護者ともつながりましょう

生徒だけでなく、生徒の家族とも信頼関係を築くようにしましょう。そうすれば、クラスの生徒がどのような生活を送っているのか、全体像を見ることができます。

（6）　https://www.teacherspayteachers.com/

（7）　この部分については、『学校をハックする』（前掲、新評論）の一二〇ページで詳しい情報が得られますので参照してください。

図5－1　生徒に自己紹介してもらうための四つの方法

①

わたしについて

わたしの名前は＿＿＿＿＿です。
＿＿才です。＿＿＿で生まれました。
わたしの好きな色は＿＿＿＿です。
わたしの好きな動物は＿＿＿です。
放課後は＿＿＿＿＿していきます。
＿＿＿＿＿を学ぶことが好きです。
将来は＿＿＿＿＿＿になりたいです。
もしわたしがお金持ちだったら＿＿＿＿＿＿したいと思います。
＿＿＿＿＿＿だったらいいなと思っています。

②

わたしについて
名前：＿＿＿＿＿＿

放課後は
＿＿＿＿＿
＿＿＿＿＿
することが好き

好きな色は
＿＿＿＿＿
＿＿＿＿＿
＿＿＿＿＿

将来は
＿＿＿＿＿
＿＿＿＿＿
＿＿＿＿＿

＿＿＿＿＿
＿＿＿＿＿
＿＿＿＿＿
だったらいいな

③

詩「わたし」

わたしの名前は＿＿＿＿＿＿
＿＿＿＿＿＿＿＿＿が得意
好きな色は＿＿＿＿＿＿
＿＿＿＿＿＿＿＿＿が好き
＿＿＿＿＿を食べることが大好き
＿＿＿＿＿＿＿＿＿と友達
そして＿＿＿＿＿＿＿＿を
学びたい
これがわたし！

④

私の壁

私は○○○○です

自己紹介のパラグラフ、エッセイ、詩は、①、②、③のようなワークシートを使って作成します。私の壁のイメージは、写真④のようになります。

先に紹介した「シー・ソー」を使えば（一四二ページ参照）、保護者も生徒のアカウントから内容を見ることができます。また、生徒の作品やほかのクラスメイトにどのようなコメントを書いているのかも見られます。さらによいことに、「シー・ソー」を通してクラスの生徒全員や保護者全員にメッセージを送ることができますし、個別のメッセージを送ることもできます。

私はこれを、生徒の家族と連絡をとる際の主な手段にしています。お母さんやお父さんのほかにも、生徒の兄弟、姉妹、おじいちゃん、おばあちゃんともつながることができます。また、生徒の作品に「いいね」をクリックするだけではなく、どのように反応すると生徒がより成長するのか、会話が弾むのかについてのコーチングも保護者会で行っています。

次ページの**表５−１**は、保護者が（生徒が）生徒（クラスメイト）の作品に対してコメントをする際の手引きとして使うものです。自分が使いやすいように換えてみてください。

毎日または毎週、生徒の作品を見ることを通して保護者に今何をしているのかについて知ってもらうと、保護者面談のときの会話が変わってきます。保護者面談に生徒も加わってもらい、三者面談にすることもできます。

もし、「シー・ソー」を使わないのであれば、学校と家庭とのコミュニケーションアプリとして、「リマインド」（https://www.remind.com/）、「ブルームズ」（https://www.bloomz.net/）、「ペアレント・スクエア」（https://www.parentsquare.com/）、「クラス・タッグ」（https://home.

classtag.com/）を使ってもよいでしょう。(8)

しあわせのバケツ

この活動は、何年か前にお互いに意地悪ばかりする生徒がいたときにはじめました。誰かが誰かに意地悪を言うことからイザコザがはじまり、私は、それをなだめなければならないという毎日を送っていました。

友人が、キャロル・マックラウド（Carol McCloud）の『しあわせのバケツ』（TOブックス、二〇一九年）という本と、一人ひとりに小さなバケツと短冊を用意し、

表5－1　生徒作品へのコメントガイド例

よいコメントは新しい学びに役立ちます
〇〇についてもっと教えて。
なぜ〇〇なのか、もっと知りたいな。
〇〇について興味があるんだけど。
常に好奇心と敬意をもつ
〇〇についてあなたはどう思う？
あなたの記事／作品は〇〇を思い出させてくれます。
これは私にとって大切なものなんです。なぜなら〇〇だから。
会話を終わらせるのではなく、会話をはじめましょう
これ、〇〇を思い出させてくれる。
これ分かる気がする。なぜなら、〇〇だから。
〇〇って考えたことある？
ポジティブな言葉で「積みあげて」いこう
これ、興味があります。なぜなら、〇〇。
これ、素晴らしいと思います。なぜなら、〇〇。
あなたの記事・作品の〇〇がとても好きです。△△について考えたことありますか？

クラスメイトを褒める言葉を互いに書いて入れるという活動をすすめてくれました。早速、アマゾンで小さなバケツを購入し、大きな掲示板に一人ひとりの名前を貼り、その下に大きな画鋲とダブルクリップを使ってミニバケツを用意しました（写真参照）。

絵本を読み、お互いのバケツにコメントを入れたり、取ったりするとはどういうことかについて話し合ったあと、互いのバケツに相手を褒める言葉を書いて入れるという練習をはじめました。もちろん、私のバケツも用意しました。

週に一回、全員に褒め言葉を入れるようにしました。この継続的な活動はクラスに大きな影響を与えました。いさかいの回数が減り、クラスがより豊かな雰囲気となったのです。

ちょっと励ましがほしいときに見返せるように、

一人ひとりのしあわせのバケツ

(8)　日本だと、「エドモド」(https://medium.com/edmodo-japan、高学年以上向け)、「クラス道場」(https://www.classdojo.com/ja-jp/、低学年向け)、「コドモン」(https://www.codmon.co.jp/products/)、「クラッシー」(https://classi.jp/) などがあります。

ほかのクラスメイトからもらった褒め言葉を取っておくためのジップロック袋をわたしました。私自身も、一年のなかで「大変だな」と思う日に、その袋に入っている褒め言葉を読み返しています。

トーキングサークル（関係修復のサークル）

この活動は、毎朝のルーティンになりました。出欠確認、ランチを購入するかどうかの確認、そのほかの確認事項を終えるとしばらく輪になって、着席してから、質問に答える形か、決まった言い回しのなかに自分の言葉を入れる（たとえば、「今日、学校に来る道で私が目にしたのは〇〇〇〇〇です」など）方法を使って全員が話しています。[9]

このとき、話す人・聴く人の役割を意識できるものを使います。私は「マープル」という名前の小さな紫色のぬいぐるみを使っていますが、何でもかまいません。マープルを持っている人が話し、マープルを持っていない人は静かに話を聴きます。[10]

前の活動と同様、このタイプの活動は生徒の連帯感を育むためのものであり、お互いを知る機会となります。最初は教師が質問に答える役をやってもよいのですが、すぐに生徒が答えたいとせがみだします。サークルを繰り返すうちに、朝のちょっとした時間だけなのに、生徒一人ひとりについてたくさん知ることができます。

このようなことに時間を割いている暇はないと思っているような人でも、私を信じて時間をとってみてください。「今やろう（Do Now）」や「ベルを鳴らそう（Bell Ringer）」[11]を五分間行っているのであれば、ぜひトーキングサークルを試してみてください。

トーキングサークルのテーマや質問例

気をつけてほしいことは、どの質問、テーマを選ぶかはクラスによって異なるということです。

（9）翻訳協力者から「朝の会の健康観察のときに似たようなことをしています。毎日お題を変え、『はい、元気です。私は～です』のように全員がお題に対して答えます。最初は、教師が『好きな食べ物は？』とか『朝ご飯は？』といったようにお題を決めていましたが、最近は日直にお題を決めてもらっています。『東京ディズニーランドとUSJ、行くならどっち？』、『海と山、遊びに行くなら？』、『週末にしたいこと（したこと）は？』など、たくさんのお題が出てきます」というコメントをいただきました。いかにもほのぼのとした雰囲気が伝わってきます。内向的な生徒も、存在感を示していることでしょう。

（10）NPO法人RJ対話の会（下のQRコード参照）のホームページには動画の資料もあり、日本語の字幕がついています。サークルおよび関係修復のアプローチ全般の詳しいやり方については、『生徒指導をハックする』（前掲、新評論）を参照してください。

（11）「今やろう」も「ベルを鳴らそう」も、朝クラスに来たら行う活動です。いろいろなアイディアが多くのウェブサイトで紹介されています。英語のみとなりますが、検索キーワードに「Do Now activities」「Bell Ringer activities」と入れてみてください。

適切なものを選んでください。質問やテーマによっては、生徒の感情を刺激するものもあることを覚えておいてください。

互いを知るために

・小さいころの楽しかった思い出は？
・もしスーパーヒーローになれるのであれば、どんな力がほしい？　その理由は？
・あなたの親友は、あなたのことをどんなふうに紹介しますか？
・今まで（今も含めて）の人生で、変えたくないものは何ですか？
・もう会えない家族・親戚の人と話せるとしたら、誰と話したいですか？　それはなぜですか？
・何でもしてよい日ができたら、何をしたいですか？
・もし、あなたが動物だったらどの動物になりたいですか？　それはなぜですか？
・いつも笑わせてくれるモノや人を二つ／二人教えてください。
・私は○○を集めています。
・直接会って話していいよと言われたら、誰と話したいですか？　なぜですか？
・あなたにとって理想的な仕事は何ですか？　具体的に教えてください。

・あなたにとって、休みのときにする楽しいことは何ですか？　具体的に教えてください。
・もし、自分の何かを変えることができるとしたら、何を変えたいですか？

価値観を探ってみよう

・自分にとって大切な人とケンカをしているとします。仲直りをするために、何を大切にしたいですか？
・あなたが夢中になっていることは何ですか？
・自分の生活のなかで、何回も立ち返っているものは何ですか？
・何に感動しますか？
・何を見る／聞くと、または、どんなこと／何に対して、頑張ろうと思いますか？
・あなたにとって、尊重とはどういうことですか？
・あなたの住んでいる町で、変わったらいいなと思うことは何ですか？　あなたは、その変化に対して何ができると思いますか？
・ほかの人がやってなくても、自分にとっては大切なことで、行動したことはどんなことですか？

自分はどんな人間か、どんなことが自分に影響を与えているかを物語のように共有する（クラスにおける人間関係の構築）

具体的には、生徒は以下のようなテーマで物語を共有します。

・自分で物事をコントロールすることをやめようと思ったときのこと。
・自分にとって居心地のよい環境から出たときのこと。
・最初から最後まで何かをつくった経験。
・自分としては危機や困難に直面したけれど、その状況を変えることを通して新たな発見をした経験。
・誰かを傷つけてしまったけれど、自分なりに向きあって、結果的にはよい経験になったこと。
・怒りや恨みの感情を「手放した」経験。
・親や保護者ともめ事があったときの経験。
・ある人に対して、自分が抱いていたネガティブな印象と違っていたと分かった経験。
・「自分は場違いのところにいるな。馴染めないな」と思った経験。

表５－２　そのほかのトーキングサークルをはじめるきっかけ(*)

1．○○のとき、幸せに感じる	22. 霧は、○○な気分にしてくれる
2．○○のとき、悲しい	23. 今日、私は○○な気分です
3．○○のとき、怒りを感じる	24.「青」をイメージすると、○○
4．○○のとき、怖い	25.「赤」をイメージすると、○○
5．○○のとき、ドキドキする	26.「黄色」をイメージすると、○○
6．○○のとき、ストレスを感じる	27.「緑」をイメージすると、○○
7．○○のとき、独りぼっちな気がする	28.「黒」をイメージすると、○○
8．一番怖いのは、○○	29.「茶色」をイメージすると、○○
9．私の一番の趣味は、○○	30.「白」をイメージすると、○○
10. 私のお気に入りのペットは、○○	31. もし私が動物だったら、○○
11. 私の好きな食べ物は、○○	32. もし私が俳優だったら、○○
12. 私の好きなテレビ番組は、○○	33. もし私がアスリートだったら、○○
13. 私の好きな週末の活動は、○○	34. 高校を卒業したら、○○したい
14. 好きな歌は、○○	35. 大人になったら、○○したい
15. 好きなスポーツは、○○	36. 仕事をはじめたら、○○したい
16. 好きな色は、○○	37. ○○まで待てない
17. 私が好きな転機は、○○	38. 友達は、○○
18. 雨は、○○な気分にしてくれる	39. 家族は、○○
19. 風は、○○な気分にしてくれる	40.「馬鹿にする」ということは、○○と思う（感じる）
20. 晴れ（太陽の日差し）は、○○な気分にしてくれる	41.「感謝」は、○○と思う（感じる）
21. 雪は、○○な気分にしてくれる	

（＊）ウィスコンシン州ミルウォーキー公立学校の「安全な学校／健全な生徒」を目的とした「不正義を修復するための実践」資料集（https://onl.tw/5zFfuCc）を参考にして作成しました。

カリキュラムに関連して

・○○のプロジェクトで一番良かった／悪かったこと。
・今読んでいる本の主人公が○○したのは、私と一緒／違う。
・この算数・数学の問題は私にとって○○。

クラスの規範

これは、クラスのルールをみんなで決めることと、破ったときの罰則を決めるという従来の活動を変化させたものです。素晴らしいクラスにするためにはどのようなことが必要なのかについてブレインストーミングし、クラスの規範を決めていきま

表5－3　今年のクラス規範

クラス規範

・人が出すアイディアに対してオープンでいよう。
・行動する人（upstander）になろう(*1)。
・自分がしてもらいたいことを相手にも行おう。
・全員に対して敬意を払おう。
・成長マインドセット(*2)をもとう。
・積極的に反対意見を述べよう。
・正直であろう。

「コミュニティーでいよう」

（＊1）反対語は、傍観者、見物人、関心を示さない人（bystander）です。
（＊2）成長的マインドセットは、「人間は努力することで自分の意思により人生を変えていくことができる」という考え方なのに対して、固定マインドセットは「人間の能力や性格は生まれつき決まっていて、後から変えることはできない」という捉え方です。詳しくは、『マインドセット　「やればできる！」の研究』（キャロル・S・ドゥエック／今西康子訳、草思社、2016年）と『オープニングマインド――子どもの心をひらく授業』（ピーター・ジョンストン／吉田新一郎訳、新評論、2019年）を参照ください。

す。今のところ、罰則のようなものをつくる必要はありません。

自分たちでつくったルールなので、生徒はそれを守って行動しようとします。クラスの規範に則していないと思われる行動をとったクラスメイトには、生徒同士で注意をしあっています。**表5－3**として示したものが今年のクラス規範です。

クラスにいる静かな生徒に対して、あなた（教師）に助けを求めるように伝える

私の息子が中学校に上がったとき、もし機会を与えられないことで自分の力が出しきれていないのであれば、自分には何ができるのかについて、先生に伝えに行かなければならないと教えました。家に帰ってくると、学校での出来事を私に話す日々がしばらく続きました。そのほか、授業中に手を挙げても指名されず、発表する機会がないと話していました。

先生のなかに、息子は静かな生徒だという先入観があったようです。先生は、息子が恥ずかしがり屋だと知っていましたし、滅多に手を挙げないということも知っていました。これらを踏まえて、できることを息子から先生に伝えることにしました。

ほとんどの先生が、どのようにすれば息子が授業に参加でき、テーマや概念について知っていることをほかのクラスメイトと共有できるのかについて考えることはありませんでした。また、保護者面談のときには、無理に息子を指名したりして「居心地が悪くならないようにしている」

と、先生から聞かされました。

息子のクリストファーが七年生になり、学校のメールをやっと使えるようになると、自分のことをきちんと主張するようにと教えました。もし、授業で発表できなかったり、意見を共有できなかったり、質問ができなかったりしたときには、何を言いたかったのか、どんな質問があるのかについて、先生にメールで伝えるように言いました。

一人で書けるようになるまで、どのような言い回しでメールの文章をつくればいいのかなど何回か手伝いました。このやり取りが息子と先生のコミュニケーションを可能にして、適切な条件がそろっていれば共有できることがたくさんあると示せるようになりました。

交換ジャーナルで生徒に伝える

かなり前からですが、小学校から中学校に移動したとき、生徒との交換ジャーナルをはじめました。つながりをもつのにはそれほど苦労をしなかった二〇人ほどのクラス担任から一〇〇人を超える生徒の担当になり、名前を覚えるだけでも何週間もかかってしまうという状況になったため、生徒それぞれの「人となり」を知ることが難しくなりました。

交換ジャーナルは、ノートを使ってもいいですし、「グーグル・ドキュメント」や「ワン・ドライブ（Microsoft One Drive）」を使ってもかまいません。生徒には、私の質問に対して、「ロマノ先生へ」ではじまり、自分の名前で終わるという手紙形式で答えてもらうようにお願いしました。そこから、一人ひとりにコメントをするという、生徒と私の会話がはじまりました。この会話はプライベートなもので、生徒が自分で見せないかぎり、ほかの人が見ることはありません。

　このようなノートは評価の対象外で、学業には直接関係しません。もちろん、静かな生徒が授業に関することを書いてもかまいません。簡単な質問からはじめて、年度初めに生徒を知るきっかけとして使ってみてください。それから徐々に、特定のテーマについて尋ねたり、そのときの会話によってテーマを決めたりしていきます。

　六～八週間、交換ジャーナルを書き続けます。学年が進むにつれて書くことが少なくなっていきます。しかし、生徒は、この交換ジャーナルは考えていることや困っていることを自由に書いても安全な場所だということを理解していますし、聴いてくれる人がいるということも分かっています。この方法は、静かで授業で発言をしない生徒や、従来の方法では考えていることを発信しない生徒に対してとくに効果を発揮しました[12]。

　生徒が共有したいと思ったときにノートを入れられる箱を用意し、毎日チェックしました。しばらくの間、まったくノートを見ることがない時期もありますし、箱がノートでいっぱいになることもあります。いずれにしても、感情や考えを共有したり、質問をしたり、助けを求めることが安全にできるところだと感じてくれています。

笑顔はタダ

もうかなり前の話になりますが、教師になったばかりの年、ベテラン教師から「クリスマスすぎまでは生徒に笑顔を見せないように」[13]と言われたことを覚えています。たぶん、多くの人がこのようなアドバイスをもらったのではないでしょうか。ネットを駆使する教師として知られ、インターネットやブログで情報を発信しているケリー・クロイ先生も、「微笑まない」ことにまつわる経験をしていました。

一九九一年、新任教員として生徒の人生に影響を与えようと意気込んでいました。一年目ということもあり、「教える」ということに関してはあまり知らない状況でしたが、教師であることの情熱は誰にも負けませんでしたし、あまりためにならないアドバイスをもらったときでも、それに対処するだけの判断もできました。

そんなある日、ベテラン教師から「クリスマス休暇後までは生徒に笑顔を見せてはいけない」というアドバイスをもらったことを覚えています。その人も、私のことを思って言ってくれたことは分かっています。学級経営を考えてのアドバイスだったようです。教室で生徒と「楽しむ」ことには注意をするように、とも言われました。

ちょっと待ってください。私が若かったことは認めますし、生徒との年齢が近かったことも分かっています。これらが理由で、私が厳しそうに見えれば生徒は変なことをしないと思ったのでしょう。幸いなことに、こんなことをしても、私にとっては何も変わらないことは分かっていました。生徒と楽しみたかったし、授業を好きになってほしかったのです。

会話、ジャーナル、作文の課題、それにアンケートも行い、どのようなことに興味をもっているのかを知ることで信頼関係をつくっていきました。生徒たちは私の授業を受けることを楽しんでいましたし、楽しんでいたからこそ授業も一生懸命に受けて、楽しみながらたくさんのことを学んでいました。

新任教師として学ぶことはいっぱいありましたが、クリスマス後まで微笑まないというア

(12)　実際に生徒との交換ジャーナルを行っている翻訳協力者から「まったく同感です。授業やクラスでは物静かな生徒との関係を構築するうえで、効果を発揮したと思っています」というコメントがありました。交換ジャーナルを含めたジャーナルの詳しいやり方については、『増補版「考える力」はこうしてつける』（前掲、新評論）の第6章をとくに参照してください。
(13)　アメリカの学校は八月の終わりか九月にはじまります。クリスマスは、新年度がはじまってから四か月ほど経った時期になります。

ドバイスは最悪のものでした。実際にやらなくてよかったです。多くの場合、私の授業での態度が生徒にも映しだされていましたし、教室での私の振る舞いが授業の雰囲気をつくりだしていたのです。

私の笑顔が生徒を笑顔にしていきました。私のクラスに対する態度は影響力があったようです。クリスマス後まで微笑まないというのは最悪のアドバイスです。むしろ、笑顔は教師ができる一番の意思表示だと言えます！(14)

クロイ先生に賛成です。生徒とかかわる仕事をしている人にできる最善のアドバイスは笑顔と優しさをもつことです。毎日、かかわる人、生徒、同僚、上司に優しくするということです。一日、そっと励ましてくれることを待っている静かな生徒にとってはとくに大切なことです。

ここまでの内容を具体化する方法——生徒に知識を詰めこむ以上のことをしましょう(15)

大きな微笑みを一日に何回も

ある生徒にとっては、あなたこそが一日におけるもっとも重要な存在であり、登校することを楽しみにしています。教室でよい関係性を築くことができたとしても、家庭で何が起きているのかを知ることは難しいものです。また、何かを背負いこんで登校している場合もあります。微笑むことで、生徒の一日を明るいものにしましょう。

今日のジョーク

一日をジョークではじめる習慣は、数年前、友人のアダム・ショーンバートがツイッターにジョークを投稿し、彼が受けもっていた高校の英語の時間に共有したことからはじまりました。私たちは「ボクサー」[16]のチームに入っており、彼はチームともジョークを共有していました。毎朝、彼のジョークを聴いてから仕事に向かう日々は、すがすがしい一日のはじまりでした。彼のメロドラマ的なジョークを生徒たちとも共有して、笑うことから私たちの一日をはじめていました。

今でも、朝の集まりで「今日のジョーク」を取り入れることがあります。今年は、ある生徒が

(14)　翻訳協力者から「まったく同感です。子どもたちは教師の姿を映しだす鏡のような存在です。教師の表情、態度、しぐさ、口癖・言葉遣い、服装、着ている服の色など、すべてから影響を受けます」というコメントがありました。

(15)　翻訳協力者から「この本に書かれている内容と、『生徒指導をハックする』（前掲、新評論）に書かれている内容がワンセットで、より良い生徒理解、生徒一人ひとりのよさ・個性を生かしたより良い生徒指導、より良い学級運営ができる」というコメントがありました。

(16)　一一三ページの注（17）を参照してください。

「朝の学校ニュース（School morning news show）」を披露したりしています。一日のスケジュールを確認したあと、「朝の学校ニュース」に今日のジョークを入れたりしています。一日を笑顔ではじめることで学ぶ準備をするのです。

毎朝、挨拶で生徒を迎える

これは簡単です。ある研究[17]によると、少しでも時間をとって、生徒を歓迎して受け入れることはクラスの意識を高めることになり、学ぶという行為に向けて、社会的、感情的なサポートになると言われています。

毎日、一人ひとりに「おはよう！」と声かけをしてください。握手をしたり、教室に入るときの特別な合言葉を使ったりする人もいましたが、私はシンプルにしています。毎朝、整列したクラスの生徒が教室に入るとき、「おはよう！」と元気になるような声かけをしています。もし、朝の整列[18]に間にあわない生徒がいれば、一時間目の間に声をかけるようにしています。

挨拶を忘れてしまうほど忙しい日や、単純にうまくいかない日があることも分かっています。そんな日こそ、今までやってきたことが効果を発揮することを願います。生徒のほうが何かおかしなことに気づき、あなたの「しあわせのバケツ」にコメントを入れて、生徒のほうから挨拶をしてくれると思います。この出来事で、あなたは笑顔を取り戻すことでしょう。

お昼仲間

個人的には、この「お昼仲間」が大好きです。毎年、お昼休みに外で遊ぶことを好まない生徒がいます。年度初めに、どの生徒がこのタイプなのかはすぐに分かります。だいたい四～五人くらいいて、校庭での難しい人間関係から逃れて、お昼を食べたり、おしゃべりをしたり、読書をしたり、絵を描いたり、ゲームをしたり、何でもやりたいことができるように教室を開放しています。

一つだけルールを設けています。この時間は私の昼休みでもあるため、午後の授業のためにエネルギーを蓄える必要があります。ですから、一緒に食べて、ちょっとおしゃべりをしたりはしますが、そのあとは各自が好きなことをするように、と言っています。私は自分に必要なことをして、生徒もそれぞれが必要なことをします。私にとってこの「お昼仲間」は、静かな生徒と触れあう貴重な時間となっています。

---

(17) Positive Greetings at the Door: Evaluation of a Low-Cost, High-Yield Proactive Classroom Management Strategy. Cook, Clayton R.; Fiat, Aria; Larson, Madeline; Daikos, Christopher; Slemrod, Tal; Holland, Elizabeth A.; Thayer, Andrew J.; Renshaw, Tyler. *Journal of Positive Behavior Interventions*, v20 n3 p149-159 Jul 2018。

(18) アメリカでは、朝、校舎の入り口にクラスごとに整列し、ベルが鳴るのを待ちます。教室には、各クラスとも整列した状態で入っていきます。

得意なことはありますか?

私の夫ブライアンは、中学校教師を二二年にわたって務めています。彼が静かな生徒と関係を築く方法はトランプ手品です。大学生のころからトランプ手品が得意で有名でした。彼にトランプをわたせば、どんな人も興味をもち、楽しむことができました。

彼が勤めている学校では、授業によっては三二人の大人数になることもあります。この人数では、静かな生徒は埋もれてしまいます。また、クラスには、教師から質問に答えるように言われなければ大人とまったく話さないという生徒がいます。夫によると、誰ともまったくしゃべらずに一日を過ごしている生徒もいるとのことです。

私と同様、静かでシャイな子どもをもつ親として、まるで自分の息子を見ているような気持ちになる生徒の存在に気づいたとき、何かを変えなければいけないと夫は考えました。教室をもう少し居心地のよい場所にするために、授業が終わると生徒に近づいてトランプを差しだし、「二つの山に分けるように」と言います。その生徒に話しかけながら手品をはじめるのです。自分が楽しいと思っていることを生徒と共有すれば、より強い関係を築くためのきっかけになるとブライアンは考えたわけです。

教師人生のほとんどを、中学校の英語教師として私は送っています。ドナルド・グレイヴス（Donald Graves）[19]は私のヒーローで、今でもそうだと思っています。次に挙げる彼の言葉が私は大好きです。

「もし、あなたが生徒について一〇個知らなければ、その生徒を教えることはできません。もし、生徒があなたについて一〇個知らなければ、あなたから学ぶことはないでしょう」

初めて読んだときから、この言葉を忘れることができません。私たち教師は、生徒の学業成績を伸ばすだけでなく、一人の人間として生徒を理解し、育てようとしなければなりません。このことは、静かな生徒に対してはなおさらです。その生徒を知り、かかわり、心からの関係性を築く必要があります。また、生徒も教師が何者かを知る必要があります。私たちも同じ人間だということです。

良い日もあれば悪い日もあります。生徒と同じように、「しあわせのバケツ」に何かを入れてほしいこともあります。トランプの手品など何でもいいので、自分にあったやり方で生徒とかかわり、生徒の社会的・感情的ニーズを満たすことができるようにしましょう。私たちがオープン

（19）彼に関連する本や情報については、「WW／RW便り（http://wwletter.blogspot.com/）の左上の検索欄に「グレイヴス」と入力したり、「ライティング・ワークショップ（作家の時間）」のホームページ（https://sites.google.com/site/writingworkshopjp/teachers/osusume）を閲覧したりすると入手することができます。

になれば、より成長を促す環境をつくることができ、静かな生徒はいきいきと成長することができるのです。

ここまでの内容を具体化する方法——あなたの学校以外の経験を共有する

静かな生徒が、自分はクラスの一員だと感じるようになるのは難しいものです。簡単で、あまり努力をしなくてもよい、きっかけづくりの方法を紹介します。

学校以外のあなたの経験を共有する

あなたの、教師以外の一面を知ってもらいましょう。このような情報は、静かな生徒にとっては、あなたとつながる何らかのきっかけになる可能性があります。

速攻自己紹介（Rapid Fire Intro）

これは、グーグルの使い方を教えてくれる友人から教わった活動で、協働でスライドをつくって行います。生徒同士が互いを知りあう、教師が生徒のことを知る、生徒が教師のことを知るよい方法です。

活動にあたっては、それぞれの生徒に担当のスライドを割り当てます（私は生徒に担当番号を割り振り、それと同じ番号のスライドを担当してもらうようにしています）。この番号は一年中変わらず、協働でスライドを作成するときには必ず使います。生徒は、自分を表現する絵や言葉を使いながらスライドを飾りつけていきます。

この方法は、小学校三年生から中学生まで使いました。もちろん、高校生にも使える方法です。自分のスライドの飾りつけが終わったらクラス全体で共有します。一人ひとり、スライドを使って自己紹介をします。静かな生徒には、「自己紹介」にするか「他己紹介」にするかの選択肢を設けるといいと思います。他己紹介にすることによって、自分について話さなければならないというストレスを軽減することができます。

この活動は九月と一月に行います。一月にまた自己紹介をするようにお願いすると、いつも大爆笑になります[20]。しかし、

教師自身のスライド紹介

数か月間一緒にいて、学び、成長するに従って、以前紹介したことに付け足したり、違うことを共有できたりすることに気づきます。私は、この活動を面白くないと言った生徒に出会ったことがありません。前ページに掲載した写真は、私が速攻自己紹介のために作成したスライドです。

お気に入りの再生（Play Favorite）

数年前に「お気に入りの再生」を導入しました。私が友人とアイディアを話していたとき、夫が小耳に挟んで、私の気がおかしくなったと思ったようです。「えこひいきをするって、本気か？」[21]と尋ねてきました。おかしくて笑ってしまいましたが、時間が少し空いたときに行うゲームだと説明しました。

生徒が私に質問できるリスト（ほとんどは何が

表５－４　「お気に入りの再生」のときに使える質問の例

お気に入りの再生

1. 自分の持ち物で一番好きなものは何ですか？　それはなぜですか？
2. 小学校１・２年生のころは、どの科目が好きでしたか？
3. 最近、初めて行った場所はどこですか？
4. 個人的にヒーローだと思っている人はいますか？
5. 今読んでいる本は何ですか？
6. 一番記憶に残っている休暇の思い出は何ですか？
7. 一番好きな映画は何ですか？
8. 学校で一番好きだった先生は誰ですか？　それはなぜですか？
9. 超能力をもてるとしたら、どんな能力がほしいですか？
10. 書店や図書館で一番好きな場所はどこですか？

好きかという質問です）を準備しておきます。生徒は、私に質問ができるので大喜びです。私の答えを言ったあと、三～四人の生徒が同じ質問に答えていきます。**表5－4**が質問の例です。一五九ページに示したトーキングサークルの質問例（**表5－2**）も参考にしてください。

情熱があれば花が咲く

ケンドールという生徒の話をしましょう。ケンドールは、ほとんどすべての活動に対して積極的に参加していました。ただ、第三者として観察していると、学ぶスピードがほかの生徒よりも少し遅い生徒、ほかの生徒に置いてけぼりにされてしまうような生徒に見えました。

三年生を教えているときにケンドールと出会いました。私の隣にある「学習スペース」の生徒でした。「学習スペース」という言葉を使うのは、教室に壁やドアがない学習環境だったからです。フロア全体が本棚や棚、パーティションを使って「教室」に分けられています。このような環境なので、学習スペースで起こっていることのすべてがほとんどの教師に聞こえてしまいます。

(20)　年度初め（九月）に行った自己紹介をもう一度やることに対しての笑いです。
(21)　英語で「Play Favorite」と言うと、一般的には「えこひいき」という意味になってしまうからです。

毎日、ケンドールの先生は、昼休みに学習スペースに残って、朝にできなかった残りを終わらせるように伝えていました。数週間後、担当の先生に「ケンドールはどうしているの？」と尋ねてみました。先生の答えは、「どうだか分からない。分かっていることは、彼女が何も終わらせることができないということ」といったようなものでした。

新任だったこともあり、私は何も言わずに、観察して聴くことに集中しました。そして、年度が中間に差しかかったころ、課題を終わらせることができないという理由で、ケンドールのほかに二人ほど静かな生徒の名前が追加されていることに気づきました。

少し興味が湧き、なぜほかの生徒と外で遊ばないで毎日ここにいるのか、ちょっと尋ねてみることにしました。三人とも同じような答えでした。授業の進度が早く、質問をする機会がないため、援助要請をすることができないと言っていました。一番納得してしまった答えは、「質問をすると、先生から皮肉ともとれる答えが返ってくる」というものでした。

私はこの学校に赴任してきたばかりです。少なくとも、最初の一年は波風を立てないようにしようと思っていました。しかし、学年末になるころです。「教師の性格が生徒の学習にどのような影響を与えるのか」という話題であれば、この件について議論することができるのではないかと思ったのです。三人の学年末の成績は、決してよいとは言えないものでした。

四年生まで、時間を早送りしてみましょう。私のクラスに誰がいたと思いますか？　ケンドールです！　前に述べたように、私は生徒を知るために時間をかけます。最初の一か月でそれぞれどのようなことが好きなのかを知りたいと思っています。

ケンドールに話しかけ、何が好きなのか、何に夢中になっているのか、何に興味をもっているのかと尋ねました。初めは、三年生の担任が言っていたようなことが起きました。ケンドールは、私が与えたすべての課題を終わらせることができませんでした。基準となるアセスメントを行うと、彼女の読解力と作文力が平均よりもかなり低いことが分かりました。これで、単純な作業でもほかの生徒の二倍も時間がかかる理由が分かりました。

しかし、一〇月の初め、小さな探究課題をはじめたときです。生徒が、自分の学びたいと思うテーマを選べるというものです。

四～五日にわたって調べたあと、どのようなことが分かったのかについて発表しました。何人かは、リサイクルの材料を使ったロケットのつくり方を発表しました。別の何人かは「バンシー（buncee）[22]」や「グーグル・スライド（Google Slides）」を使って調べたことをまとめていました。また、何かを持ってきて、それについての授業をクラスメイトに対して行った生徒もいました。

（22）バンシーは、オンライン上でポスターやスライドを作成できるアプリです（https://app.edu.buncee.com/）。

ケンドールは絵を描くことが大好きで、絵画の発祥に興味をもっていました。彼女の発表では、いろいろな顔料を持ってきて、色を混ぜあわせる様子を見せていました。指定された時間内に終わらせただけでなく、余裕をもって終わらせることができたので、「バンシー」でつくったスライドを手直しするだけの余裕もありました。

この出来事には考えさせられました。授業ではいつも静かで、課題を終わらせることができなかった生徒が、みんなの前に立って、そんなに困る様子もなく好きなことについてなぜ発表できたのでしょうか？　私に似ているのでしょうか？　私も、自分が情熱をもっていることについてであれば、みんなの前に立って話すことができます。

一日の終わりに声をかけ、どうやってクラスのみんなにあんなに興味深い発表ができたのかとケンドールに尋ねました。そうすると、ケンドールの象徴でもあるささやくような声で、次のように教えてくれました。

「とてもうれしくて、クラスのみんなに教えたくて仕方がなかった」

まさに、夢中な取り組みそのものです。適切な環境が与えられれば生徒は安心し、静かな生徒も自由に表現することができるのです。教師は、そのような環境をできるだけ多くつくりだしていかなければなりません。

ここまでの内容を具体化する方法——自分の情熱を大切に

次に示すものは、生徒も教師も、自分たちがもっとも好きなことを共有することで実力を発揮するというアイディアです。

情熱プロジェクト(23)

これは、生徒が何に興味をもっているのかについて知るうえにおいてとても有効です。授業で学ぶことのほかに、自分の興味があることを探すことがいかに大切かについては、時間がいくらあっても足りないくらい語ることができます。これだけで本が一冊書けてしまいます。

生徒が学びたいことを選択できるという環境は学校教育において重要であり、また必要なことです。生徒に対して、学びたいことを学ぶといった機会を最後に提供したのはいつのことでしょうか？　「情熱プロジェクト」、「才能を磨く時間(24)」、「二〇パーセントの時間(25)」など、どのように

(23)　情熱プロジェクトは、生徒が自分で計画して実行するプロジェクトです。どんなことに情熱をもっているかという質問から生徒は自分の興味、能力を発揮していきます。参考ウェブサイトは以上のとおりです。https://creativeeducator.tech4learning.com/2016/articles/passion-projects

呼んでもいいです。何であれ、生徒が興味をもっていることに集中できる時間を設けるのです。

シンプルに言えば、一週間に一時間分だけ、生徒が興味のあることについて学べる時間を六週間設けましょう。六週間後、生徒は学んだことをどのような形式でもよいので発表します。チェックリストなどを使い、期待されていることは事前に伝えるようにしましょう。でも、内容などほとんどの部分は生徒が自分で計画していきます。自分の興味のあることを話すとき、静かな生徒も堂々と発表している様子に驚くことでしょう。(26)

○○○で会いましょう

これは、以前使ったときに手ごたえを感じたものです。最初に使ったのは、『ワンダー君は太陽（Wonder）』(27)という映画が上映されたときでした。私たちは、授業で原作の本と、本をより理解するための副教材を読んだばかりでした。クラスの生徒は、私がこの物語の大ファンだということを知っていましたので、映画の予告編を見せたあと、上映がはじまり次第、息子と映画を観に行くことを伝えました。「誰か、観に行くつもりの人はいないですか？」と尋ね、冗談で「映画館で会うかもね」と伝えました。

全員が一斉に手を挙げ、誰が、いつ、誰と行くのかについて話しはじめました。そのとき、アイディアが浮かびました。全員で映画を観に行ってはどうか、というものです。遠足ではなく、それぞれの家族もつれて、グループで週末に出かけるという感じです。息子が観たがっていたのは知っていましたし、ちょうど本を読み終わったばかりということもあって、クラスの生徒やその兄弟・姉妹、保護者も観に行きたいと言っている様子でした。

(24)　学校教育のなかで自分が学びたいことを学び創造性を養う、問いを立てながら学ぶ方法のことです。詳しくは、https://geniushour.com/ をご覧ください。

(25)　授業の二〇パーセントの時間を生徒が選んだトピックについて学ぶことができる時間にすることです。詳しくは、https://www.20timeineducation.com/ をご覧ください。

(26)　これらのプロジェクトについては、『あなたの授業が子どもと世界を変える――エンパワーメントのチカラ』（ジョン・スペンサー＆Ａ・Ｊ・ジュリアーニ／吉田新一郎訳、新評論、二〇一九年）、『教育のプロがすすめるイノベーション――学校の学びが変わる』（ジョージ・クーロス／白鳥信義ほか訳、新評論、二〇一九年）、『「おさるのジョージ」を教室で実現――好奇心を呼び起こせ！』（ウェンディ・Ｌ・オストロフ／池田匡史ほか訳、新評論、二〇二〇年）、『教育のプロがすすめる選択する学び』（前掲、新評論）を参照ください。そして、もちろんもっとも歴史の長いプロジェクト学習（『プロジェクト学習とは』池田匡史ほか訳、新評論、二〇二一年）というアプローチもおすすめです。

(27)　この映画は、遺伝子の疾患で人とは違う顔に生まれ、二七回もの手術を受けるため学校に通えなかった一〇歳の子どもが五年生から学校に通いはじめ、さまざまな困難に直面しながら、家族の愛情を受けつつ立ち向かっていくという物語です。周りの子どもも、主人公を知るにつれて変化が起きていきます。実話をベースにしたものです。http://wonder-movie.jp/。映画も悪くないですが、本はもっと面白いです（Ｒ・Ｊ・パラシオ／中井はるの訳、ほるぷ出版、二〇一五年）。スピンオフの本まで出ています！

このようにして、「映画館で会いましょう」がはじまりました。「シー・ソー」を通して、生徒とその家族に「映画館で、私の家族と待ちあわせをしませんか?」といった内容を連絡しました。学校の遠足とは違うことを説明し、一緒に家族で有意義な時間を過ごすためのものだと伝えました。また、生徒だけを映画館で車から降ろすのはくれぐれもやめていただくようにお願いし、大人が同伴することを条件にして、誰でも参加できる旨を伝えました。生徒も保護者も大賛成で、校長先生もこのアイディアを気に入ってくれて、お孫さんとともに参加してくれました。

翌年、アフリカ系アメリカ人歴史月間がはじまるにあたり、『ブラックパンサー(Black Panther)』(28)の無料鑑賞券が当たるという噂を聞いて、早速、第二弾の「映画館で会いましょう」を計画しました。第二弾には、昨年のグループも招待しました。この年が前年よりも特別だったのは、私の夫が同じ学校の五年生の社会科を担当し、私が昨年受けもった生徒を何人か受けもっていたことでした。

この年も、楽しい時間を過ごすことができました。前年に参加した生徒にまた会うことができたことは、私にとって特別な日となりました。

今からお伝えすることは、読者のみなさんにとってはあまりシックリこないことかもしれません。私が「○○で会いましょう」を取り入れている理由をお話しします。

生徒と私は、毎日、一日中一緒にいます。それなのに、なぜ家族まで誘って、週末まで一緒にいたいと思うのか想像できますか？　その理由は、次のように考えているからです。

　私は映画が大好きで、どちらにしても映画を観に行こうと思っていました。これは、学校外における自然な私の姿を、生徒に見てもらうには絶好の機会だと感じていたからです。その一つの方法として、私は「映画館で会いましょう」を使いました。自分にあったものを考えてみてください。近所の公園で一～二時間会うとか、近くのアイスクリーム屋さんに行くとか、ボーリングをしに行くとか……。

「ボーリング場で会いましょう」は、私が次にやってみたい企画です。どこで会っても、何をやってもいいのです。大切なのは、生徒とその家族と学校外で会うことです。そうすることで、生徒は学校とは違うあなたを見ることになり、話題が広がるのです。

趣味と興味

　夫ブライアンの手品のように、勇気をもって、教室に自分の趣味や興味をもちこんでみましょう。ある年、五年生のクラスに、トランプ手品をはじめとする手品大好き生徒が二人いたのです

(28)　二〇一八年に公開されたこの映画は、父の突然の死から王位を継ぎ、アフリカの秘境にありながら、世界の誰もが創造できないような最新テクノロジーをもつという国の秘密を守ることになる青年の物語です。漆黒の戦闘スーツを身にまとい、祖国・世界を守る物語です。https://marvel.disney.co.jp/movie/blackpanther/about.html。

が、彼らは「フーディニ（Houdini）」[29]を学んでいました。二人は、情熱プロジェクトとして手品とトランプを使った手品を披露しました。毎日、この二人は昼休みに夫のクラスを訪ね、教えてもらっては練習をしていました（この年、私の夫は同じ校舎で六年生を担当していました）。

教師仲間であるトニー・ジャクソンは、詩やラップ音楽を創作しました。もしかしたら、彼のことをマイクロソフトのコマーシャルに登場する「ラップ先生」として見たことがあるかもしれません。彼は、詩と音楽に対する情熱が高じて、授業内容をラップ音楽にして紹介しています。今年の四年生は、とんでもなく多くの割り算の暗記をラップ音楽に乗せて覚えていました。

そういえば、あるとき私は折り紙にはまってしまいました。最初は昼休みにちょっとやる程度の「小さなクラブ」としてはじめたのですが、選択科目にまで発展してしまいました。私にとってはリラックスできる方法なので、それを生徒と共有できたことはとてもうれしかったです。

明日からやってみよう

自分自身に問いかけてみてください。もし、生徒が自分のクラスに来ることを義務づけられていなかったとしたら、彼らは来るでしょうか？　毎日、一人ひとりの生徒に対して改めて向きあい、新鮮な眼で見ていますか？　クラスの生徒は、あなたのことをどれくらい知っていますか？

教師という役割以外のあなたを知っていますか？

私は、幼稚園から四年生までがいる校舎で教えています。私の担当する生徒は、かつて一五年間務めた五年生から八年生の中学校[30]へ巣立っていきます。私の夫（五年生を担当しています）を含めて、かつての同僚がたくさん教師を務めています。

彼らから、「生徒から私の話を聞くことがある」とか「私の授業で学んだことを聞くときがある」と言われるとうれしくなります。そのなかでも、昼休みに過ごしたこと、「映画館で会いましょう」や「ビット文字（Bitmojis）[31]」を使って書いたノートをほかの子どもに見せていることを聞くと本当にうれしくなります。静かな生徒が中学校に上がっても才能を発揮し、成長している姿が、私の「しあわせのバケツ」をいっぱいにしてくれます。

私たちは静かな生徒が活躍できる場をつくり、エンパワーすることで、彼らの素晴らしい部分

（29）フーディニは、CG動画作成のすべてができるソフトウェアです。日本語での解説は https://visual-shift.jp/11427/ を、英語でのオフィシャルホームページは https://vimeo.com/goprocedural をご覧ください。

（30）アメリカは、高校は四年間（九～一二年生）と決まっていますが、それ以下は州や教育委員会によってさまざまです。中学校は五～八年生、六～八年生、七～八年生あるいは、小学校との一貫など多様です。

（31）自分のアバター絵文字を作成できるアプリです。いろいろなものに使うことができます。詳しくは、https://apps.apple.com/jp/app/bitmoji/id868077558をご覧ください。

を引き出すことができます。教師は、生徒の学習環境を整え、忘れられない経験を提供できる最適な立場にいると言えます。学びは、教師にとっても生徒にとっても、あらゆる点で楽しい経験になり得るのです。

安全と安心を感じ、居心地がよい環境だと生徒が感じていれば、学びに対して夢中で取り組みます。本章で紹介したいくつかの方法を、すぐにでも実行してみてください。そのほかのいくつかは、のちのちのためにとっておいてください。

自分への置き換えノート

・クラスに「秘密のコミュニケーション」をどうやってつくることができるでしょうか？

回答

> **生徒は私たちが何を教えたか忘れてしまっても、どのように接したかはずっと覚えています。**（ジェフリー・ズル［Jeffrey Zoul］教師、リーダー、作家）

・今の授業のやり方を少しだけ変えて、静かな生徒とつながりをもつにはどうすればよいでしょうか？

回答

・新任の先生に、静かな生徒とつながるためにどんなアドバイスができるでしょうか？

回答

・生徒と共有できる、あなたが熱中しているものは何でしょうか？

回答

静かな生徒と関係を築く方法について、同僚や教師仲間と話題にしたり、失敗談や成功談を語りあったりしてみませんか？

内向性由来の体調不良・疲労感

——大事に育まれる環境をつくりだす

外向的な人は閃光を放ち、内向的な人は寂光を放つ。外向的な人は花火で、内向的な人は暖炉の灯。（ソフィア・デンブリング［Sophia Dembling］『内向的道（*The Introvert's Way*）』の著者[1]）

イギリス・サルフォード大学のバレット（Barrett）、ザング（Zhang）デイヴィス（Davies）が行った『賢い教室（Clever Classroom）』（未邦訳）という研究があります。この研究は、都市、郊外、農村地域にある二七の学校、一五三クラスを対象にした研究です。教室の温度、空気の質、オウナーシップを生徒がもっている度合い、学ぶ環境の柔軟性に加えて、教室内の適度な刺激が脳に大きな影響を与えていることが分かりました。

内向的な生徒は、生まれつき穏やかな環境や最低限の刺激を好みます。「内向的な人（Introvert,

（1）彼女のことについては、以下のサイトでも紹介されています。http://jp.psy.co/1503.html。

Dear)」(https://introvertdear.com/) というブログによると、内向的な人は、人とかかわる時間の多さや刺激過多に疲れ果ててしまい、遅かれ早かれ「内向性由来の体調不良・疲労感」を経験すると言われています。倦怠感にさいなまれる、集中力がなくなる、イライラするなどといった影響を受けます。まるで、すべての精神エネルギーを吸いとられ、何も残っていないような感覚を覚えてしまうのです(そして、実際にそのような状態を経験します)。

内向性由来の体調不良・疲労感について簡単に言うと、過剰な刺激が原因で内にこもりたくなるような感覚です。決められた座席から、意識することなく飾られている教室内の視覚的な刺激まで、内向的な生徒にとっては学校での一日が耐えられないものとなります(2)。

うるさいスクールバスでの登校からはじまり、生徒と教師でいっぱいの廊下を歩きます。教室に入ると、現在の教育界で流行しているグループ活動を強いられます。次の時間になれば、考える時間も与えられず、いきなり指名される授業がはじまります。昼食は騒々しいカフェテリアで食べます。さらに、ヒエラルキー(社会的な序列)で成り立っている昼休みへと突入します。そして午後は、家に帰って自分の部屋という静かな場所でゆっくりするまで、午前中と同じことが繰り返されます。

学校で過ごす一日に、どれだけの騒音や人とのかかわりが詰めこまれているのかについて考えてみてください。私の息子は、学校から帰ってくると寝てしまうことが週に二回ほどあります。

このような日常を考えると、無理もないことです。

環境は、私たちにさまざまな影響を及ぼします。教師としての役割は、内向的な生徒に対して、物理的、精神的に温かい環境を提供することです。内向的な生徒は、刺激過多になると学べなくなってしまいます。大事にされる環境で過ごすほど、学習経験はより良いものになります。とくに内向的な生徒にとっては、ほんの少し環境が変化するだけでも大きな影響を与えます[3]。

 静かな生徒にあう空間を探す[4]

これから、静かな生徒の学びのスタイルを尊重し、励ますことの重要性を示すいくつかの例を

（2）ADHDやアスペルガー症候群などの特別支援のニーズが高い生徒たちにとっても、教室の環境（とくに、視野に入ることが多い教室前面の環境）を低刺激にするという配慮が求められています。

（3）環境は常に私たちに影響を与えているという考え方は、まだ教育現場ではほとんど理解されていません。専門用語で「アフォーダンス」という言葉が使われています。このことについてや、授業の際の「第三の教師」としての環境について分かりやすく説明している『「おさるのジョージ」を教室で実現』（前掲、新評論）の第7章を参照してください。

（4）以下では、「内向的」という言葉の代わりに「静かな」を使用します。教室の中では、内向的な生徒が「静かな」状態でいることが多いからです。

紹介します。ほんの少しの変化によって、静かな生徒を含むすべての生徒にとってより良い学習環境をつくりだすことにつながり、自分の力を発揮することができるようになるのです。

ジェイミーの場合

ジェイミーは、特別支援プログラムの一環である「調整・推奨サービス(Intervention & Referral Services)」[5]によって四年生に転入してきた、学校嫌いという生徒です。書くことは好きなのですが、小学校二年生と三年生で読解と算数の授業が理解できないため、それが成績に反映されないという状態でした。

勉強で大変だったにもかかわらず、彼女は毎日はにかんだ笑顔で学校にやって来ました。登校して二時間ほど経つと、「お手洗いを使ってもよいか」と聞き、退出することに気づきました。ある日の休み時間にその理由を尋ねると、内向的な生徒から何度も聞いた同じ理由が返ってきました。

「本当はお手洗いに行く必要はないの。休憩がほしいだけ」

なぜ休憩がほしいのかについて、しばらく話をしました。その結果ですが、

> **人は私を空っぽにする。だから私は離れて、補充しなければならない。**
> (チャールズ・ブコウスキー［Henry Charles Bukowski, 1920～1994］詩人)

私の予感が当たっていました。彼女のグループは、彼女を入れて四人のグループでした。ほかの三人はおしゃべりだったのです。この三人はきちんと課題に取り組む生徒でしたが、取り組んでいる間おしゃべりをしていたのです。これが、彼女の疲労感の原因でした。

その日のあと、ジェイミーのためにどうすれば刺激を減らすことができるのかについて二人で話し合い、計画を立てました。少しの間その場を離れる必要があるときは、私に合図をすれば離れてもよいということにしました。

ジェイヴァンの場合

数年前、私が働く自治体の小学校で三年生を担当する教師が追加で必要となり、私が異動することになりました。長い間、私のルーツでもある小学校教師に戻りたいと思っていましたので、中学校で英語を教える状態から全教科を教えることができる小学校への異動を歓迎しました。

しかし、私のクラスは児童数の多さに対応するために急遽追加されたクラスであったため、教室がありませんでした。既存の教室を二つに分け、新三年生を迎えることになりました。先にも

（5）調整・推奨サービスは、多領域の専門家が生徒の学びを一年間サポートするために学習習熟度、生活・社会的行動や態度、健康面を検討し、必要なプログラム・サービスを調整・推奨する専門家チームです。

触れましたが、私たちの学校には壁もドアもありません。教室は、オフィスなどで見られるパーティションや本棚で仕切られているという空間なのです。このような状況ですので、私はとてもユニークな環境に置かれたことになります。

空間だけでなく、クラス運営をするための家具や備品を購入する予算も与えられました。同僚が、テーブルや家具を分けてくれました。そのほかには、追加のテーブル、本棚、大きめのラグと椅子を購入しました。それ以外は、生徒と一緒に選びたかったので新年度を待つことにしました。新年度がはじまるときには、一週目を乗り越えるだけの準備ができあがっていました。

初日は、生徒に状況を説明し、週の前半は教室のデザインについて話しました。オンラインでほかの教室を見ながら、「イケア」のカタログに目を通し、自分たちの学びの空間をつくりだすためのアイディアをグーグルで探しました。

そして、活動中に動くことができる揺れる椅子とバランスボール、ラグの上で休んだり、読書をしたりしやすいように背もたれとひじ掛けの付いたクッション、そのほか、従来の机と椅子以外で学習しやすい環境がつくれるものをみんなで購入することにしました。教室で生徒がどのように座っているのかは、掲載した写真を見てください。

さて、ジェイヴァンの話をしましょう。彼は、私が教師生活をしていたなかでもとくに静かな生徒の一人でした。クラスメイトとはまったく話すことがなく、私が質問をしたり、話しかけた

大きな柱の周りにテーブル、椅子、コンピューターがあり、柱に向かって作業ができます。

丸いテーブルにバランスボール、コンピューターにイヤホンをつけて作業をすることができます。

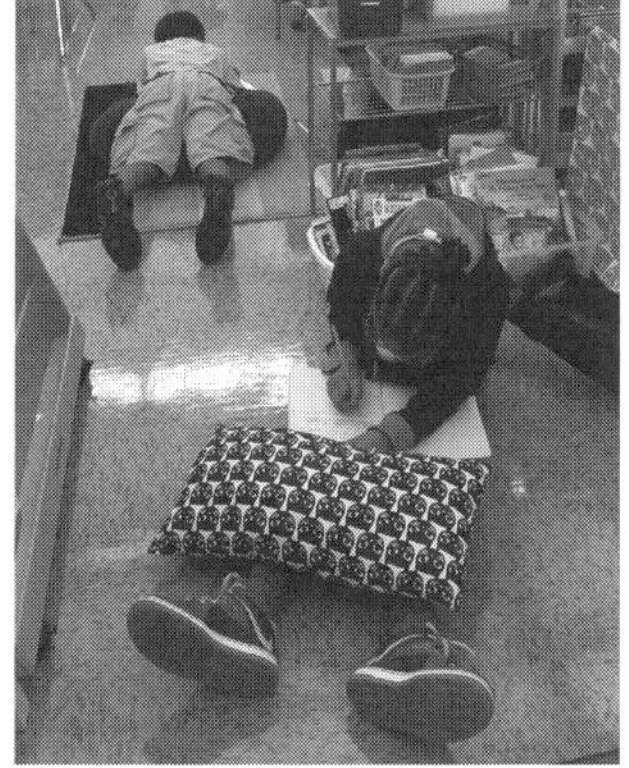

床に寝転がれるように、ラグと大きなクッションを用意したり、床に座って足を投げだせたりする場所をつくっています。

低い本棚で囲まれたコーナーをつくり、ラグや座椅子、クッションに寄りかかって作業することができます。壁には、「シー」という静かさを促すポスターが貼ってあります。

りすると恥ずかしそうに微笑むだけでした。

第二言語として英語を学ぶクラスから通常学級に来た年だったので、言語の壁があるのかもしれないと考えていました。それにしても、こんなにも静かな生徒は初めてでした。このレベルの静かさは、教師になったばかりのころに出会った「場面緘黙症(ばめんかんもくしょう)」(6)の生徒に匹敵するものがありました。

初日、ジェイヴァンの母親は、彼はとても恥ずかしがり屋で、それが英語の習得にも支障をきたしているということを私に伝えてきました。そして、この年こそ、彼にとって何かが変わることを願っていました。

ジェイヴァンは、事前に想定していたのとは違って、授業での話し合いにはすべて参加していました。口頭での話し合いには参加していませんでしたが、「パドレット(Padlet)」という掲示板アプリケーションでは、アイディアを共有したり、私たちの学びの空間をより良いものにするために、誰よりも率先してインターネットで情報を検索していました。

一週目の金曜日、私の机の上に付箋が貼ってありました。その付箋には、「三脚のテーブル周りに布を張って、一人で作業したいときに使える空間をつくることができますか?」と書いてありました。名前は書いてありませんでしたが、筆跡からジェイヴァンだと分かりました。

週末、生徒と一緒に選んだものを「イケア」で購入していたとき、私は布売り場で足を止めました。鮮やかなオレンジに白いネコが描かれている布が目に留まりました。私がネコ好きだということもありましたが、活動を通して、ジェイヴァンもネコ好きであることを発見していました。この布は、テーブルの周りにかけるのにピッタリでした。テーブルに布をつける簡単な方法を考え、月曜日の早朝、生徒の登校を待ちました。

これらのテーブルを見たとき、ジェイヴァンの顔が明るくなりました。自分のアイディアがいかされたと確信したからでしょう。一人で活動する場所を初めて選んだとき、ジェイヴァンは柔らかいクッションとクロームブック（ノートパソコン）を持って、テーブルの下にもぐりこみました。見えるのは、テーブルの下から投げだされた彼の足だけです。

生徒の活動を確認しているときにテーブルの下をのぞきこむと、ジェイヴァンは、一生懸命に自分の活動に取り組んでいました。この場所は、活動する場所を選べるときの、ジェイヴァンのお気に入り空間となりました。

かなりあとのことですが、みんなで食事をするお昼の時間に、この学校にはドアや壁がないため、ほかのクラスの音が理由で気が散ってしまうことを彼が教えてくれました。そこで、私も二

（6）あるいは「選択性緘黙症」とも呼ばれています。家庭などでは話すことができるのに、社会不安（学校などの社会的状況における不安）のために、ある特定の場面・状況では話すことができなくなる症状のことです。

人の秘密ということで、「時々、テーブルの下に入りたいことがある」と伝えました。静かな空間をつくるための壁やドアがないことが、この学校に赴任したときに私が一番とまどったことでした。同じような気持ちを、私は彼と共有したわけです。

まさか私と同じようなことを感じる生徒がいるとは思いもしませんでした。また、机の下に静かな空間をつくるなんて考えもしませんでした。その年、生徒の声、とくに静かな生徒の声を聴くことがいかに大事なことかを学びました(7)。

ダミアンの場合

二〇〇〇年代の前半、七時間目の英語(国語)の授業を受けていた五年生がダミアンです。ダミアンは、授業中、窓際でずっと外を見て過ごしていました。席に着かせようとした私の最初の試みはまったく実りませんでした(そのころは、典型的な机の配置で授業を行っていました)。席に着くのはいいのですが、貧乏ゆすりをしたり、座っていても落ち着きがなくなったりして、ほかの生徒が集中できないという状況でした。

その年の一〇月中旬(8)、私のほうが根負けをして、彼の座りたいところに座ってよいことにしました。その結果、彼はほとんどの時間、窓辺で過ごすことになりました。

ダミアンは、授業の内容にも興味がないように見受けられました。授業中は、ずっと何か違うことを想像しているといった印象でした。でも、驚いたことに、私が彼に質問をするとちゃんと答えることができますし、会話にも貢献し、教科書のなかから自分の意見を裏づける部分を見つけることができたのです。

彼は特別なのだ、と気づくのにそれほど時間はかかりませんでした。ある日、「お昼を食べに行く前に私のところに寄るように」と彼にお願いしました。英語の授業はどうか、窓辺でぼーっとしているように見えるのに、どうやって授業についてきているのかと尋ねました。すると、彼は笑いながら答えてくれました。

「ロマノ先生、僕はぼーっとしているわけではありません。集中するために、顔に太陽を感じていたのです」

この答えには、本当に驚きました。ダミアンは英語の授業が大好きで、いつもしっかり聴いていて

(7)　翻訳協力者から「ここまでを読んできて感じたことがあります。それは、この本に書かれていることも『生徒指導をハックする』(前掲、新評論)に書いてあることも、どちらも生徒一人ひとりにしっかりと向きあい、それぞれの生徒にとって何が必要か、その生徒が何を望んでいるのか(ニーズ)を考えて、教師や学校全体がどのようにかかわるかについて書かれているということです。もう一つ、この本は主に内向的な生徒へのかかわり方について、『生徒指導をハックする』はどちらかといえば外向的な生徒へのかかわり方について書かれているということです」というコメントがありました。

(8)　アメリカの学校は九月はじまりなので、一か月半が経ったころになります。

いたのです。でも、授業での会話に参加する必要を感じなかったので、発言をしていなかっただけだと言うのです。また、一日の終わりにはとても疲れると言っていました。さらに、昼食の時間が一番エネルギーをとられる、とも言いました。周りにあわせようと社交的に振る舞うので、午後にある授業（二時間）で必要とされるエネルギーが残っていないと言うのです。そのうちの一つが私の英語の授業でした。

この経験を通して、教室を昼食の時間に開放することにしたのです。また、授業の方法や教室内の配置も、生徒の学習スタイルによって変えることにしました。ダミアンのおかげで、私は今日のような教師になれたと言っても過言ではありません。彼との経験によって私にもたらされた変化は、そのあとに出会った静かな生徒にとっても望ましいものでした。

「勉強会（Edcamp）」リーダー

二〇一七年六月下旬（学年末）、熱心で積極的な教師がニュージャージー州の勉強会「エドキャンプ」(9)に集まりました。私はいくつかのセッションを試しましたが、「柔軟な家具」というグループに落ち着きました。

私が会場に入ったときには、すでに勉強会がはじまっていました。ファシリテーターが、おしゃれで洗練された、しかも機能的な椅子が「スターバックス」のように配置されている写真を見せていました。参加者は、どうすれば最新の家具を教室に導入することができるかについてアイディアを出しあっていました。ある参加者は、教室デザイナーを紹介したり、業者を紹介したりしていましたが、それらはすべて高額なものでした。

教室をセンスのよさと自由さで飾るのは魅力的でしたが、このような会話は学びの環境をどのようにデザインするのかというよりも、家具そのものの会話になってしまいがちです。正直な話、まだ使える椅子と机があるにもかかわらず、どれだけの教育委員会が高額な机を、しかも一つの教室で使うために予算を組んでくれるでしょうか？（どれだけの小学生、中学生が「スターバックス」で過ごしているでしょうか？）

一五年前、友だちのダミアンのおかげで私は、それが流行しはじめる前から柔軟な席の配置を教室で行っていました。最初は、小さなカーペットやビーチチェア、近所のお店から寄付してもらった大きなビーズクッションからはじまりました。このアイディアで静かな生徒に寄り添うことができ、新しい形で生徒同士がサポートしあうように促しました。

生徒が提出してから作文の内容を知るのではなく、下書きのときからカーペットに一緒に座ったりしながら、「何を書いているの？」と尋ねるようになりました。その結果、彼らが友だちと

（9）　八七ページの注（21）を参照してください。

書いた内容を共有したり、私に提出したりする前に意味のあるフィードバックをすることができたのです。[10]

一斉授業として読んでいた物語は、ブッククラブへと形を変えました。生徒は、ビーチチェアに座っている間、読みたい本を友だちと一緒に読んでよいかと尋ねてくるようになりました。このような活動は、意味のある会話となり、熱心な読者を育てることにつながりました。

中学校の同僚には「読み聞かせなどをしている時間はない」と言われましたが、小学校の教師時代に使っていたロッキングチェアを使って、読み聞かせも取り入れました。このときには大きなカーペットを床に敷いていたので、生徒たちはカーペットに寝そべったり、さらに寄付を募って手に入れたビーンバッグチェアに座ったり、人気のあるビーチチェアに座ったりしながらロイス・ローリーの『ふたりの星』[11]（前掲、童話館出版）やパム・M・ライアンの『エスペランザの成長（Esperanza Rising）』（未邦訳）などの文学作品を食い入るように聴いていました。

このような話に何か共通点はあるでしょうか？　これらの話は、人を育む環境が静かな生徒に対していかに影響を与えているのかを示しています。ここからは、あなたがそうした環境をつくっていくための、いくつかのアイディアを紹介していきます。これらのアイディアがクラス全体を活性化させることに驚くでしょう。つまり、静かな生徒のためだけではないということです。

ここまでの内容を具体化する方法――静かな生徒に休憩を与えてください

生徒が休憩をとることを許す

私が以前働いていた中学校では、お手洗い休憩について厳しい規則がありました。授業中にお手洗いを使うことは許されず、授業開始後、または終了近くの二〜三分の間しかお手洗いを使うことはできませんでした。ところが、小学校三年生の担任になったとき、それまでとはまるで正反対の、いつでも生徒がお手洗いを使えるという状況にしました。

ジェイミーが休憩を必要としたとき、教室から離れることを許可するのは自然なことでした。ほかの教師にメモをわたしに行く係をお願いしたのです。ほとんどの場合、「ジェイミーが休憩をとる必要があるのです」というメモをほかの教師にわたすというものでした。時には、お手洗

(10)　このやり方は、生徒たちが書いている最中に個別カンファランスをするライティング・ワークショップの中心的な手法です。興味のある方は、「作家の時間、オススメ図書紹介」や「WW／RW便り（ブログ）」を検索して、面白いと思える本や情報を読んでみてください。

(11)　メキシコで裕福な暮らしをしていたエスペランザとお母さんが、突然故郷を追われ、厳しい状況のなか生きていくお話です。

い休憩、水分補給休憩、もしくは単純に廊下を行って帰ってくるだけということもありました。何が自分の生徒にとって一番よい方法かを見つけて、実践するのです。

「サイン」を使う

「サイン」を使うという方法は、私が教育実習をしていた二年生のクラスでも採用されていました。サインを使う理由は、授業の流れを止めることなく、そっと教師に合図を送るためです。想像してみてください。教師であるあなたは、とてもよい流れで授業を行っています。生徒も活発な状態で活動に取り組んでいます。そんなとき、一人の生徒が手を挙げます。それまでの話し合いをさらに深める発言をしてくれると期待していると、「お手洗いに行ってもいいですか？」という発言でした。

誰しもがこのような経験をしていることでしょう。状況に応じて、一本指だったら「お手洗い」もしくは水分補給」、二本指だったら「鉛筆削り」、三本指なら「助けがほしい」、四本指なら「ティッシュがほしい」と決めたとしても、私には覚えられませんでした。鉛筆を削ったり、ティッシュを取ったりすることは通常の行動です。必要ならば行動をすればよいだけですので、それらのサインを決める必要はありません。

生活のなかでもそうですが、できるだけシンプルなものにしておきたいものです。一本指は

「お手洗い・給水休憩」、二本指は「休憩が必要」、つまり少しの間教室を離れる必要があるという意味です。このような最低限の「サイン」を教室文化として定着させます。

新年度の初日にこのことを伝えて、いつでも、誰でも、このサインを使うことができるようにします。最初のころは、試そうとして頻繁に使う生徒がいます。これは想定内のことで、とくに前年度のクラスの教師が厳しく、生徒に決定権が与えられていなかった場合に顕著に見られます。しかし、二週目以降はみんなが慣れ、必要なときに使うようになります。

教室に「静かなコーナー」[12]をつくる

「静かなコーナー」は、柔らかいクッションや心を落ち着かせるものが置いてあり、怒りの感情を鎮めるときに役立ちます。私の教室では、怒りの感情をコントロールするためだけではなく、活動から休憩をとる場合にも使っています。

生徒には、静かなコーナーの利用の仕方、してもよいこと、してはいけないことのルールを伝えています。たとえば、利用できるのは一人ずつで、その場所にあるものはていねいに扱う、ク

---

(12)　翻訳協力者から「日本でも、クールダウンが必要なとき、教室の隅や別室で生徒を落ち着かせることがあります」というコメントがありました。ここの「静かなコーナー」の特徴は、何か特定の機会に使うのではなく、生徒が自分の状態と会話して自主的に使えるように常時開放されている点にあります。

ラスメイトを尊重する、叫ばない、投げないといったようなことです。いつでも思い出せるように、このルールは壁に貼ってあります。掲載した**図6－1**は、静かなコーナーの壁に貼られているルールです。

静かなコーナーは、授業をしているところから少し離れた場所に、ラグと背の低い本棚でつくられています。柔らかいクッションや、ヘッドホンの付いたリラックスできる音楽が流れているiPad（Youtubeのマインドフルキッズという音楽チャンネルを定期契約しています。ストレスを和らげたり、平穏な心を保ったり、マインドフルな心の状況を保つための音楽を聴くことができます）、壁に貼られた絵を描くための大きな紙、レゴ、リキッドモーションタイマー（写真①）、フワフワしたキーホルダー、スクイーズボール（写真②）などが置かれています。

静かなコーナーをつくるには、三つの鍵となる要素が必要です。まず、居心地がよいこと（座り心地がよくなければなりません）、次に感覚的な活動（ゆらゆら揺れる椅子や、ストレス

図6－1　壁に貼られているルール

休憩が必要なときにすること

1. 落ち着く姿勢で座りましょう。
2. 眼を閉じて、２～３回深呼吸をしましょう。
3. 楽しくなることや、楽しみにしていることを思い浮かべましょう。
4. 何が起きて、なぜ休憩が必要なのか考えましょう。
5. 次に同じようなことが起きたら何ができるか考えましょう。
6. 心が落ち着いたら、静かに授業に戻ってください。

を解消できる玩具）ができるものが備えられていることです。そして一番大切なのは、心が穏やかになることです。見ることで落ち着く効果のあるキラキラしたものが入っているビンや心が落ち着く音楽、教室の騒がしさのなかで呼吸に集中することや、授業中に自分のなかで静けさを探すことをサポートしてくれるアプリ「やすらぎCalm」（https://www.calm.com/）が効果的です。

　多くの生徒が、この場所は何なのかと珍しがって使いたがります。そのうち、本当にこの場所が必要な生徒が使うようになります。

ピンタレスト映えする教室(13)

　教室で過ごす生徒にとって、自分が大事にされ、ここなら成長できると感じる教室のデザインが存在しま

①リキッドモーションタイマー

②スクイーズボール

す。『教育におけるイノベーションに関する一〇の視点（*10 Perspectives on Inovation in Education*）』（未邦訳）という本のなかで、トム・マレー（Tom Murray）は小学校の校長としての経験を書いています。

ある教室を見学したとき、至る所に生徒の作品や表、ポスターが飾られており、彼はそれらに頭をぶつけないように、くぐったり避けたりしながら生徒の様子を見なければならなかったそうです。当時、とくに小さな子どもへの視覚刺激と脳への影響について学ぶまで、彼はこのような環境が生徒にとって居心地がよく、魅力的なものだと思っていました。

ここ五年ほど、ピンタレスト映えする教室が人気になっています。ソーシャルメディアへの投稿でも、九月の新年度を迎える前の、整えられた教室の様子を見ることができます。昨年あたりから、学習環境を分析した論文や本が出版されはじめています。二〇一八年に発売された雑誌『実験児童心理ジャーナル（*Journal of Experimental Child Psychology*）』のなかでは、「教師はよかれと思って教室を飾っているが、多くの教室は視覚刺激が過多になっている」と結論づけられていました。

これらの本や論文が共通して述べていることは、飾りすぎは刺激過多になり、「視覚騒音」と呼ばれる状態を引き起こしてしまうということです。過剰な装飾によって、静かな生徒は神経に刺激を受けすぎ、その結果、「内向性由来の体調不良・疲労感」になってしまうのです。

ここまでの内容を具体化する方法

教室の配置を計画するときには、以下のことに気をつけましょう。

教室がいかにきれいに見えるかではなく、機能性と生徒のニーズに気を配る

教室を「スターバックス」のような雰囲気にしようとして、机や椅子、照明に至るまで、まるで教師の家にあるような家具を使っているケースを見たことがあります。写真で見ると、一見斬新で心地よさそうに見えますが、機能的ではありません。

「生徒が力を最大限に発揮する教室設計（Cheryan, et al., *Designing Classrooms to Maximize Student Achievement*）」（未邦訳）という論文のなかでは、「自然光のなかで学ぶほうが、人工的な光のなかで学ぶよりも力が発揮できる」とされていました。個人的には、クッションや背もたれが付いた座椅子のようなものがあり、さまざまな形や大きさのスツールもあって、自然光のなかで学ぶか人工的な光のなかで学ぶかについて選べる環境があるとよいと思っています。また、

（13）　ネット上の画像をピン止めして、画像をブックマークとして集めるツールです。

従来の机と椅子も残しておきます。毎年、この形を好む生徒がいるからです。

壁に飾るものは最小限に抑え、整理する

一日がはじまる前に生徒が疲れてしまうということは避けましょう。壁に飾るものは、学びに結びついたものに限定します。単元が終わったら、それに関連するものはすべて外します。いつも最新の内容のものにして、意図的に使いましょう。

散らかっているものは片づける

授業で使わないものがあったら片づけましょう。「可愛いから」というのは、片づけをしない理由にはなりません。マリエ・コンドウ（近藤麻利絵）[14]を思い出してください。「ときめきがあるか」ではなく、「今行っている学びに価値をもたらすか、学びを妨げるのか」について考えてください。

教室内の音を考える

生徒が活動しているときの声の大きさを言っているわけではありません。日常的に教室にある音で、学びの阻害になるものはないかどうかを確認してください。たとえば現在、私の教室には

数少ないドアと壁があります。ほかの教室と分断されているのでエアコンもあります。でも、それは古いためにうるさいのです。あまりにもうるさくて、読み聞かせのときは私の足元まで来ないと生徒は声を聴くことができません。

このたぐいの音は、学びにとってよい環境とは言えません。一年ほどかかってしまいましたが、交渉の末、用務員さんから許可をもらって、必要なときにエアコンを切ったりつけたりすることができるようになりました。

もう一つの騒音は鉛筆削りです。技術が発展した現代でも生徒は鉛筆を使います。これは、簡単な方法で解決しました。鉛筆削りの隣に二つの箱を置いたのです。一つは尖った鉛筆、もう一つは丸くなった鉛筆です。

朝一番は生徒の鉛筆も尖っているので、それで授業がはじまります。鉛筆が丸くなると、尖った鉛筆と交換します。鉛筆を削るのは、朝登校したときか、帰る前のホームルームの時間です。必要があれば、昼休みに鉛筆を削る生徒もいます。常に尖った鉛筆の箱をいっぱいにしておくのです。

（14）　日本出身の片づけコンサルタントで、二〇二一年現在、ロサンゼルスに在住しています。雑誌『TIME』の「世界でもっとも影響力のある一〇〇人」に選ばれました。

とても静かな場面をつくる⑮

これは、物理的な教室のデザインではなく、授業の進め方に関係しています。生徒が発言する前に、個人で取り組む、読む、考えるといった時間を設けましょう。また、静かに振り返る時間もとりましょう。

現在の教育は、グループ活動の時間を増やす傾向にあります。でも、人生のほとんどのことについて言えるように、すべての生徒のニーズに応えるためにはバランスが必要なのです。

昼休みに選択肢を与える

私は「お昼仲間（Lunch Bunch）」と呼んでいますが、好きな呼び方を考えていただいてかまいません。週に二日か三日、教室を開放することにしています。これは、午後の授業に備えるために静かな場所と時間を必要とする生徒のためです。読書、ゲーム、塗り絵、絵を描く、文章を書く、友人とちょっとした話をすることなどに使えます。

重要なのは、これらはそんなに頑張らなくてもできるということです。午後の授業がはじまる前にリラックスすることが目的です。

先にも述べたように、私自身も内向的なので、午後の二時間分の授業がはじまる前にエネルギーを蓄える必要があります。通常、生徒は昼休みには教室に入れないのですが、お昼に教室を使う場合は、私とあることを合意しています。それは、ここは「私たち」の空間であり、「私たち」の時間だということです。ですから、互いに尊重しあう必要があります。だいたい一〇分くらい一緒に昼食を食べたり話をしたりしています。この時間はとても有意義で、授業以外の生徒の姿を見ることができます。それ以降は、それぞれがやりたいことを行います。

教師はあまりしゃべらないようにする

これについては、ずっと昔、私が生徒だったときから思っていました。この学校に赴任してから、さらに確信に至りました。私たちの学校には壁やドアがないため、ほかのクラスがつくりだしている音がよく聞こえます。教師が説明をして生徒が活動にとりかかりはじめてからも、説明をしたり、生徒の活動を中断させたりしています。ほとんどの場合、それらの説明は一人か二人の生徒に向けられたもので、クラス全体に向けたものではないのです。

私のおすすめは、クラス全体に話すのではなく、必要のある生徒のところに行って直接話しかけることです。このようなことは教師の研修会でも起きます。講師がこれから何をするかについ

(15)　翻訳協力者から「常に騒がしくて活発な授業でなく、静かになる間がある授業のほうが生徒も教師も落ち着いた学びを得ることができると、日頃の授業をしていて思います」というコメントがありました。

て説明をし、参加者に活動を促します。しかし、活動している間、講師がずっとしゃべりかけてくるのです。集中しようとしている人にとっては、このような状況だと気が散りますし、疲れるだけです。

教師は沈黙を受け入れなければなりません。ジェイミーは、同じグループで活動している間ずっと話している生徒に困っていました。すべての生徒が、音を聞きながら活動できるとはかぎらないことを認識しなければなりません。これが、静かな生徒が一人で取り組みたがる理由でもあります。

静かな時間を受け入れてください。そして、いったん活動を促したら、教師は説明を加えたりしないで活動に取り組ませるようにしてください。

授業のやり方を柔軟にする

先に話題にした勉強会「エドキャンプ」では、教室に揺りかごのような椅子がいくつあるのかという話よりも、もっと重要なことが話題に上りました。そこで私は、教師として柔軟であることが生徒とかかわるうえにおいて大切であることを学びました。

もし、生徒がラグの上で寝そべって本を読んでいるのなら、横に一緒に寝そべって話をしてもいいじゃないですか。もし、生徒が窓際に座ってノートに書きたいのであれば、机でノートパソコンを使って書くことを強要しなくてもいいじゃないですか。バランスボールに座りながら算数の問題を解きたいのであれば、それでいいじゃないですか。生徒が学びたい方法で取り組むというのが一番いいのです。

生徒の選択(16)を認め、尊重する

どこに座って、どのように学ぶのかといった小さな選択でも、それを認めて尊重することで生徒に安心感を与え、成長を促すことになります。新年度、どのようにして教室を整えようかと考えはじめたら、これらのことを思い出してください。決して、どのような家具を置くかではないのです。

静かな人々に必要なもの

教師や生徒がいろいろな方法でリラックスしている様子を見てきました。マリエルという生徒は、週に二～三回、お昼の時間に自分の教室で食べたり、塗り絵をしたり、音楽を聴いたりして

(16)　選択に焦点を当てた本に、『教育のプロがすすめる選択する学び』(前掲、新評論)があります。

いました。天気がよいときは、外で塗り絵をすることもありました。

お昼休みや休み時間にマリアム先生やジャッキー先生を見つけようと思えば、だいたい自分の車にいます。音楽を聴いたり、リラックスしたり、昼寝をしたりしています。また、アリアナ先生、アンディー先生、ヨディ先生は、必要がないときでもヘッドホンをつけています。生徒だけでなく、教師にも静かな時間は必要なのです。

デイブ先生、モリーン先生、エージェイ先生、ヴァンス先生、サンディー先生、サラ先生は部屋のドアを閉め、楽器を弾いたり、音楽を聴いたり、オーディオブックを聴いたりして、リラックスできる空間をつくっています。サラ先生はさらに一段階上をいっており、ラベンダーの香りを使ってリラックスしていました。一日中、ラベンダーの香りがするものを教室に置き、生徒の精神、身体、心の健康を促していました。

クリスタ先生、アリエル先生、スー先生は、お昼休みや休み時間、教室が生徒に使われている時間には、図書館に安らぎの場を求めました。ケイトリン先生は仕事をやめて、絵を描いていました。「なぜ絵を描くの？」と尋ねると、「絵を描くことに集中し、頭で考えることをやめると、そのあとちゃんと考えることができるから」という答えが返ってきました。一方、ジェラルド先生は、「車に乗って学校の周りを何周かする」と言っていました。

これらの教師や生徒には共通点があります。それは、静かな時間が「ほしい」のではなく、やるべきことをするために「必要」だということです。一日のうちにきちんと時間をとり、エネルギーを蓄えるために必要とされるルーティンなのです。精神を落ち着けてリフレッシュすることで、その日の残りの時間を過ごすために必要なエネルギーを充電するのです。では、このような時間を学校での一日に取り入れるためにはどうすればよいでしょうか？

ここまでの内容を具体化する方法——静かであることを推奨してください

これから紹介する方法は、あなたや生徒が、音であふれた教室で静かな時間を見つけるのに役立つと思います。

・精神的に疲れてしまったら邪魔されずに活動できる静かなコーナーをつくる

教室の後ろの隅っこでもいいです。プライバシーを守るパーティションや、本棚や家具で仕切ったりしてもかまいません。次ページに掲載した写真が、私の教室にある静かなコーナーです。

ノイズキャンセル機能付きヘッドホンは必須

「修復ヘッドホン（restorative headphones）」とも呼ばれていて、過度な刺激を遮断し、静かな環境をつくりだすために使われます。内向的な人には必需品と言えます。もし、必要とする生徒がいれば使わせてあげましょう。

なかには、何にもつながずに周りの音を遮断し、集中するためにヘッドホンをつけているだけという生徒もいます。ですから、イヤホンやヘッドホンを外して集中しなさいと言う前に、なぜこの生徒はつけているのかについて考えてみてください。もしかすると、集中するために必要なのかもしれません。

頭をすっきりさせるために静かな時間を設ける

生徒が精神的な休息がとれるように、授業内でさまざまな活動を取り入れてみましょう。「ゴー・ヌードル（Go Noodle）」（https://www.gonoodle.com/）というアプリは、小さな子どもにとっては単なる面白いダンスではありません。今、何が起きているのかに注意を向ける心理的過程

静かなコーナー。195ページに掲載した写真の一角を利用してつくられています

（マインドフルネス）やヨガ、瞑想、深呼吸など、意識を集中させる活動を通して教室における生徒のエネルギーを調整するために役立ちます。ほかにも以下のような動画がおすすめです。

・**生徒をエンパワーする方法**[17]――体・心・精神に力を与える動作が中心の動画です。

・**考えてみよう**[18]――一日の出来事を考え、振り返り、肯定的な目的を設定することを促す一分間の動画です。

・**マキシモと一緒にストレッチ**[19]――ゴー・ヌードルの素晴らしいお猿さん「マキシモ」が教えてくれる楽しいストレッチ動画です。

・**心のストレッチ（フロー）**[20]――心のなかを見つめ、リラックス・ポジティブ思考になる心のストレッチ動画です。

・**エア・タイム／エア・タイム・スペース**[21]――一～二分程度の深呼吸のエクササイズをゲーム感

---

(17)「Empower Tools」で検索すると、多様な短い動画が見られます。
(18)「Think About It GoNoodle」で検索すると、多様な短い動画が見られます。
(19)「Maximo GoNoodle」で検索すると、多様な短い動画が見られます。
(20)「Flow GoNoodle」で検索すると、多様な短い動画が見られます。
(21)「Airtime GoNoodle」「Airtime Space GoNoodle」で検索してください。このサイトはGoNoodle Plus（有料）にサインアップしている必要があります。

覚で楽しむことができます。授業の途中で集中力を取り戻したり、授業の初め、休み時間から授業へとモードを切り替えるために使えます。

一日の活動の一部としてジャーナル（振り返りノート）を活用する

ノートでも「グーグル・ドキュメント」でもいいので、考えていることが書けるようにしましょう。『もっとも大切なことを教える（*Teaching What Matters the Most*）』（ストロング&シルバー&ペリーニ著・未邦訳）という本には、「自身の学びや人生、世界について考える機会をもつことで、生徒はこれまで抱いていた誤解や困惑していることに気づくことができ、自らの成長や自立、学びに対する決意を新たにすることができる」と述べられています。

ジャーナルは、常に何かに取り組んでいる長い学校生活のなかで休息をとるよい機会となり、メタ認知能力の育成も促します。

塗り絵をする時間をとろう

『ストレス解消のための塗り絵の効果（*The Benefits of Coloring for Stress Relief*）』（未邦訳）のなかで、著者のディアン・アルバン（Deane Alban）は、「色を塗ることは気持ちを落ち着かせ、精神的にすっきりし、幸福感を感じ、リラックスすることができると、よく塗り絵をする人が言っている」と述べています。

賢明な出版社は、塗り絵を大人がするべきだと考えて、本をつくって販売しました。すると、ある生徒が大人用の塗り絵を私にクリスマスプレゼントとして持ってきてくれました。友人とともに彼は、私が楽しそうに塗り絵をしていたことを覚えていたのです。今や、塗り絵は子どもだけのものではないのです。

 明日からやってみよう

もし学校が、外向的な生徒のニーズは満たしているが、過半数の内向的な生徒のニーズを無視し、外向的な生徒にあわせたデザインになっているのであれば、学校は変わらなければなりません。教室は、生徒が学び育つ場所です。教師がまず自分の教室からはじめ、あとから学校や教育委員会が追いついてくればいいのです。

自分の教室、あなたがデザインした学びのための環境を思い出してみてください。教室は視覚騒音であふれていませんか？　たくさんの表、ポスター、そのほかのもので壁を覆っていませんか？　学びに必要なものは何ですか？　単純に「きれい」に見せるためにおいてあるものは何ですか？

これは、とくに幼稚園・保育園や小学校の教師には難しいことかもしれません。私も、教室は色であふれていなくてもよい、教室の隅っこや空いた場所は飾らなくてもよいという考え方を受け入れるまでに時間がかかりました。内向的な生徒にとって、刺激過多な環境は問題となる一部でしかありません[22]。

教室を見回し、すべての生徒に学びの機会を提供しているかどうかチェックしてください。個人で作業をしたいという静かな生徒にも適した環境はありますか？　窓際にいたい生徒には？　ラグの上でゴロゴロしたい生徒には？　静かな生徒と話し合って、私がジェイミーとしたように、必要であれば教室から離れる方法を考えてみてください。

静かな生徒にとって、学校の一日がどのようなものであったかを思い出してください。週に一～二日、お昼休みに教室を開放し、静かな生徒がリラックスできる場所を提供することを考えてみませんか？　騒々しい環境で大変な思いをしている静かな生徒が学校で過ごしやすくなるために、教師個人として何ができると思いますか？

自分への置き換えノート

・自分の教室の学習環境を評価してみよう。視覚的汚染を減らすために何を取り除きますか？

回答

・一日の活動のなかに、どうすれば静かな時間を取り入れることができますか？

回答

・教室を静かな生徒に優しい環境にするために何か一つできるとしたら、何をしますか？

回答

静かな生徒のニーズを満たす教室環境について、同僚や教師仲間と話題にしたり、失敗談や成功談を語りあったりしてみませんか？

---

(22)　逆に、日本の中学・高校（大学も）の教室ほど、視覚面での学びが貧困なところはない、と思うのは訳者だけでしょうか？

第7章

チームワークを生き抜く
――静かな生徒の長所をいかすには

静かな人ほど、頭の中はうるさい（スティーヴン・ホーキング〔Stephen William Hawking, 1942～2018〕イギリスの理論物理学者）

過去数年間で、授業でのグループワークと協働が増えました。ブログやインターネットの情報でも、「将来のための準備」としてその重要性に触れられています。また、英語でいう四つの「C」（コミュニケーション、コラボレーション＝協働、クリエイティビティー＝創造、クリティカル・シンキング）[1]も授業に取り入れることが求められています。

アメリカの「フォーチュン（Fortune）」誌が年に一回選ぶグローバル企業の五〇〇社は、雇用者が社員に身につけてほしいスキルとして、「他者とうまくやれること」と「チームワーク」

（1）一般的には「批判的思考」と訳されますが、それが占める割合は四分の一からせいぜい三分の一です。より重要なのは「大切なものとそうでないものを見極める力」です。

を挙げていました。また、二〇一六年に発刊された「ハーバード・ビジネスレビュー（Harvard Business Review）」では、「経営者と雇用者が協働的に取り組む機会は五〇パーセント以上増えており、多くの企業では、一日のうち七五パーセントの時間が同僚とのコミュニケーションに費やされている」という研究が発表されていました。

光栄にも私は、ニューヨークにある「グーグル」のオフィスを訪れる機会が何回かありました。グーグルのような何かをつくりだす企業ということで、みなさんも想像できると思いますが、職場環境は今までに見たことのあるものとはまったく違っていました。もちろん、アメリカのオフィスでよく見られる、パーティションで区切られた空間もありました。しかし、それ以上に共用の空間がたくさんあったのです。そこでミーティングをしたり、おしゃべりをしたりと、協働作業をする場所がほかの職場環境よりも多く見られたのです。

廊下を歩いていると、居間のような空間でグループが何かをしているところをよく目にしました。お茶をしながらジャムボード（インターネット上で共有できるホワイトボード）やインターランド（インターネット教育をするゲーム）について語りあっていました。「ちょっといいですか」といった声かけは日常的なもので、複数の人たちが仕事に取り組んでいました。

とはいえ、さすがに「グーグル」といったところは、それを一時の流行で取り入れているわけではなかったのです。チャールズ・デュヒッグ氏（Charles Duhigg）[2]は、「ニューヨーク・タイムズ（New York Times）」紙の「グーグルがより良いチームづくりから学んだこと」という記事のなかで、「個人よりもチームとしての能力を上げていくことが新しい流れです」と述べていました。

一方、リー・ベイソン氏（Lee Bason）[3]は、「協働作業とチームの生産性に関するグーグルの研究」という論文のなかで、「過去二〇年間、協働して仕事に取り組むことが期待されてきました。ある調査によると、一日の勤務時間のうち、個人作業は約二五パーセントであることが明らかになりました」と指摘しています。

しかし、こうした変化は間違いであったことを「グーグル」も認識しています。チームワークについての二年間の調査（プロジェクト・アリストテレス）を実施した結果、すべての協働作業が同じように行われているわけではないことが分かったのです。簡単に言えば、協働作業を成

（2）ピューリッツァー賞を受賞したアメリカのジャーナリストです。主著として、『習慣の力』（渡会圭子訳、早川書房、二〇一九年）があります。

（3）ビジネスやスポーツ界のリーダー養成にかかわるコンサルタント／トレーナーです。

あなたにとっては受け入れがたいかもしれないアドバイスをしよう。委員会としてでも、チームとしてでもなく、一人で働くことである。

（スティーブ・ウォズニアッキ［Stephen Gary Wozniak］発明家、アップル社の共同設立者）

功させるためには、メンバーが互いの意見を平等に共有し、発信し、尊重し、思いやることのできる「安全な」環境をつくることが重要である、と分かったのです。(4)

生徒が同じ目的・目標に向かって協働作業ができるようにならなければならないこと、そしてチームで仕事をする傾向が増している社会に出ていく準備をしなければならないことは分かっています。教育現場でも、グループワークと協働はより求められるようになっています。教室で、教職員間で、全国で、チームで作業することの比重が個人で取り組むことよりも大きくなってきています。しかし、静かな教師や生徒には、これが疲れる原因となるのです。

残念なことに教師は、生徒を無作為にグループ分けしたり、自主性を重んじて自分たちでグループを組ませたりします。しかし、その結果、生徒たちはコミュニケーションをとったり、協働して作業することを学ぶのではなく、単にグループで活動するだけにとどまってしまいます。さらに悪いことに、このような環境では、静かな生徒は自分の居場所を見つけることができなくなってしまいます。

教師は、自分にとって学びやすい方法で教えるという傾向があります。でも、そうでなくてもいいのです(そうであってはならないのです！)。教師の創造力を発揮し、ほかの教師と協働すれば静かな生徒にもあう方法が見つかるのです。そのようなやり方であれば、静かな子どもを抑圧することも、エネルギーを奪うようなこともなくなります。

チームワークに「私」は存在しない

二〇一六年、私は小学校三年生を教えていました。その学校では、理科の授業に「ＳＴＥＭ教育」[5]を取り入れていました。

まずは、風船の力で動く車をつくるという簡単な取り組みからはじめました。必ず成功するだろうと予測してはじめた取り組みが、開始と同時に雲行きが怪しくなりました。風船はしぼんだまま、車は動いてくれません。何が起こっているのかと見回してみました。

そして、気づいたのです。この簡単な取り組みがうまくいかなかったのは、生徒が協働して作業をせず、コミュニケーションをとっていないからでした。それどころか、何人かの生徒はほか

（4）プロジェクト・アリストテレスと、その前にグーグルが実施した「プロジェクト・オキシジェン」についての詳細は、『世界最高のチーム――グーグル流「最少の人数」で「最大の効果」を生み出す方法』（ピョートル・フェリクス・グジバチ著、朝日新聞出版社、二〇一八年）で詳しく紹介されています。また、それらの研究もふまえて開発されたのが、『最高の授業』（前掲、新評論）で紹介されている「スパイダー討論」です。

（5）Science：科学、Technology：技術、Engineering：工学、Mathematics：数学を統合する形の学びです。最近は、これにさらに「Art：芸術」を加えてＳＴＥＡＭ教育が脚光を浴びつつあります。

の生徒に明らかに意地悪をしているといったような状況でした。

なかなか作業が進まないことと協働してできないことに私はいら立ち、同じような取り組みをしたことのある友人に相談をしてみました。とはいえ、「建設的な悪戦苦闘」を根気よく見守るとか、「失敗は成功のもとと考える」といったことは聞きたくありませんでした。「成長マインドセット」や「やり抜く力」(6)には大いに賛成します。でも、これらとは違う何かが問題だと感じていました。本当の答えを知りたかったのです。

自分なりの結論は次のとおりです。

クラスの生徒には、協働作業をどのように行うのかについてはっきりと教えなければならないということです。教師は、生徒をグループに分ければ自然にグループで作業ができると思っています。でも、私たち自身がグループで課題に取り組まなければならなかったときのことを思い出してみましょう。中学校でも大学院でも、教員研修でもいいでしょう。集団力学はすべて同じなのです。

多くの場合、一人がリーダー的な役割をして、最低一人は何もやらない人がいて、いろいろなことを考えているのに何も発言できずにじっと座っている人がいるという状況です。そして、建設的な発言はまったくしないのに、すべてのことに対して反論する人がいたと思います。このような状況の場合、静かな人はグループで活動している間、圧倒され続けることになります。

問題は「集団力学」にありまます。グループに放りこまれてすぐに協働作業を求められることは、静かな人にとっては普段の自然なあり方とは真逆の状態になるのです。つまり、自分の特徴とはまったく反対の環境で活動を求められるということです。

グループワークの目的は、すべての人にかかわってもらうことです。全員が「話す」ことを期待されています。静かでいることは、この期待に反していることになります。

この集団力学は、風船を使った車のプロジェクトを行った二日間の授業でも同じでした。そこで、友人からのすすめもあり、次の授業ではそれまでの活動をグループで振り返るという時間をもちました(7)。生徒は、自分たちの短所やプロジェクト学習（ＰＢＬ）(8)に取り組むときの態度や行動について素直に共有していました。

(6)　成長マインドセットについては、一六〇ページの注で詳しく解説しています。「やり抜く力」は、『やり抜く力　ＧＲＩＴ（グリット）――人生のあらゆる成功を決める「究極の能力」をみにつける』（アンジェラ・ダックワース／神崎朗子訳、ダイヤモンド社、二〇一六年）をご覧ください。

(7)　グループワークのあとに振り返りの時間を設定することは、生徒だけでなく教師にとってもたくさんの気づきと学び（教師にとっては、授業を改善するためのフィードバック）を得ることができます。

(8)　プロジェクト学習については、『プロジェクト学習とは』（前掲、新評論）と『ＰＢＬ　学びの可能性をひらく授業づくり――日常生活の問題から確かな学力を育成する』（リンダ・トープ＆サラ・セージ／伊藤通子ほか訳、北大路書房、二〇一七年）が参考になります。

次に、チームワークについて話し合いました。まず、チームワークとはどのような状態のことなのか、どのような風景が見えたり、どのような音が聞こえたりするのかについてそれぞれが考え、ノートに書き留めました。

そのあとは、クラス全体で共有する時間です。そのために大きな紙を用意しました。全員が前に来て、大きな紙に一斉に書きこみました。鍵は、「全員が一斉に書きこむ」ということです。誰が何を書いているのか分からない状況をつくりました。こうすることで、ほかの人からどのように見られているのか、気にする必要がなくなります。全員が書き終わってから全体を見わたし、共通点を探してみました。

プロジェクトに取り組んでいる間は言いあいばかりをしていたのに、多くの共通点があることに気づき、生徒たちは驚いていました。話し合いの結果、クラスとしてグループワークの規範を決め、グループワークを再開したあとも、いつでも見ることができるように示しておくようにしました。(9)

この話し合い以降、協働で課題を遂行する活動をいくつも行いました。いろいろな種類の電気回路を組み立てたり、「オゾボット」(八七ページを参照)というプログラミング教育用のロボットを使ってコンピューターのコーディングの基礎を学んだり、「ブレイクアウトＥＤＵ

（Breakout EDU）」[10]を使ってさまざまな課題をグループで解決するゲームに取り組んだりしました。以前はイライラ感が当たり前でしたが、今や建設的な協働が根づくようになりました。

鍵となるのは、まずクラスの一人ひとりを知り、そのうえで適切なグループづくりをすることです。また、チームワークが伴うどのような活動をするにしても、規範を事前につくっておくことが肝心となります。さらに、それぞれがどのような役割をグループで担うのかを明確にしておくことも、静かな生徒にとっては、グループという集団力学のなかで自分の立ち位置を知るために役に立ちます。

時には静かな生徒に話しかけ、その生徒の考えやアイディアは大切で、価値あるものだという

（9）　翻訳協力者から「生徒自身がグループワークについての『振り返り』と、チームワークについての話し合いを通して気づいたこと、考えたことをもとにして、自分たちでグループワークの規範を決めていくという、まさに民主的な学習スタイルだと思います。往々にして多くの教室で行われている、教師が規範を生徒に提示して守らせるというトップダウン型の学習ではなく」というコメントがありました。生徒は、自分たちで決めたものであるからこそ、規範を守ることへの責任と必要感をもつことができるのだと思います。

（10）　「ブレイクアウトEDU」は、幼稚園児から高校生までを対象に開発されたもので、さまざまなゲームを通して言語や科学、数学を学ぶことのできるオンラインコンテンツです。これらのゲームは、生徒が協働して取り組めるようになっており、二二五ページでも述べられた「四つのC」や自尊感情、対人関係能力を高めるために設計されています。英語となりますが、興味のある方は https://breakoutedu.com/ をご覧ください。

ことを伝えました。そして、よく話す生徒が話し終わるのを待ち、せわしない状況が収まるのを待つように促しました。静かな生徒のひと言が、いろいろな意見が出たあとの理性的な発言となることがあるからです。

外向的な生徒にも、静かな生徒の特徴について話しました。各グループを回り、それぞれの思考方法が異なることを説明しました。すると、外向的な生徒は、クラスメイトの気を引くために行動していたわけではなかったのです。それどころか、自分の行動がクラスの話し合いを独り占めにしていることさえ認識していませんでした。

最終的には、どのようにすればみんなで課題に取り組むことができるのかについて全員で話し合う必要がありました。グループワークと個別活動のほどよいバランスをとることは難しいことです。そして、すべての状況に最適な方法などはありません。教師として、今目の前にいる生徒にとって最善の方法を模索するしかないのです。(11)

ここまでの内容を具体化する方法——グループワークを考え直す

「自分のもっている知識で、できるかぎりのことをする」という言葉があります。学校教育は、静かな生徒にとってよい環境とは言えません。それを知ってしまった以上、私たちは行動を起こす必要があります。すべての生徒のことを考えなければなりません。私たちの注意を引くといった生徒ばかりを見ていてはいけないのです。静かな生徒も存在感を示すための、グループワークのヒントを紹介したいと思います。

グループの組み方を熟慮する

生徒の性格、特徴に気をつけてみましょう。静かな生徒は、グループワークの九九パーセントの仕事をする羽目になってしまうことが少なくありません。静かな生徒は、お願いをされたら断れなかったり、押しつけられてしまったりするからです。また、自分の意見を受け入れてもらえないとか、意見や考えをひと言も言えなかったりします。

そのような場合は、無作為にグループを決めていたり、生徒がグループを決めたりしています。グループを構成するときは、内向的な生徒と外向的な生徒のバランスをとることが大切となります。

---

(11)　この模索のために最善の参考図書は、『「学びの責任」は誰にあるのか――「責任の移行モデル」で授業が変わる』（ダグラス・フィッシャー＆ナンシー・フレイ／吉田新一郎訳、新評論、二〇一七年）だと思いますのでぜひご覧ください。この本で紹介されている「責任の移行モデル」は、集団（クラス全体とグループ）を対象にした教師による指導および学習と、生徒中心の個別学習のバランスが絶妙です。

グループワークのルール・規範を決める

静かな生徒にとって、協働作業をする際の最重要要件となるのがルール・規範です。チームとしてどのようにかかわるのか、互いに協働するとはどういうことかを学ぶ時間を設けてください。グループでプロジェクトを行うにあたっては、この時間をとることが大切です。

読み聞かせは有効な方法で頻繁に行う

すべての授業[12]を、私は読み書きを中心に構成しています。共感、優しさ、チームワークといったテーマで絵本、物語、記事の一部を使いながら授業をはじめることにしています。登場人物の立場に立って物事を考えることによって、他者とのかかわり方や、自分の行動が周囲にどのような影響を与えているのかについて考えることができます。

台本をつくって生徒が役を演じる

登場人物が、異なる場面でどのように感じるのかについて考えてもらいます。静かな生徒は役を演じることにあまり向いていないのではないか、と思っていることでしょう。思い出してください。静かな生徒が恥ずかしがり屋とはかぎらないのです。さらに、この活動の中心は役を演じることではありません。演じたあとに行う振り返りの会話や、文章を書くことにあります。

生徒がどのようにかかわったかについて振り返る時間を活動や会話の途中に設ける

授業を終える前に、インタラクティブなノートや振り返りジャーナル、出口チケット（Exit Tickets）[13]を使って、クラスメイトとどのようにかかわったのか、または自分の行動で気づいたことを書いて提出するなど、やり方はさまざまあります。[14]

沈黙は金なり

子どものころから大学院生のとき、そして今でも、私はグループで活動することを思うと気が滅入ります。ほかの人と一緒に仕事をしたくないというのが理由ではなく、周りに人がいると集

(12)　多様なテーマで読み聞かせできる絵本のリストに興味のある方は、pro.workshop@gmail.com にお問い合わせください。また、読み聞かせは、目的に応じて数種類のやり方があります。『読み聞かせは魔法！』（吉田新一郎、明治図書、二〇一八年）が参考になります。もちろん、読み聞かせは、小学校低学年以上、大人まで対象にしても効果的です。

(13)　従来の板書されたものを写すノートと違って、「振り返る場、実験する場、学習のパートナーたちとアイディアを共有する場」を提供するノートです。詳しくは『教科書をハックする』（前掲、新評論）の一九九〜二〇二ページを参照ください。

(14)　一〇七ページの注（13）を参照してください。

中しにくく、なかなか考えがまとまらないからです。戦略を練ったり、アイディアを出したり、話し合ったりといった活動を同時にしなくてはいけない状況になると、頭の中がもやもやとした状態になります。

子どものころのことですが、私はわざと「お手洗いに行ってもよいか」と尋ねたり、水を飲みに行ったりなどの方法を用いて、いろいろなことが同時に起こるグループワークの状況を可能なかぎり避けてきました。現在でも、同僚と協働して仕事に取り組むときにはこれらの方法を用いています。

私は、個人で考える時間があるときに一番よい仕事ができます。自分の空間を確保し、自分のペースで仕事ができるときに一番創造力が働きますし、考えなければならないテーマや概念を理解することができるのです。このようなことは、私の目の前にいる静かな生徒の一部にとっても同じだと思います。

このような点を踏まえて、二六年間の教師生活において、一日のどこかで静かな時間を設けることにしています。また、せわしないグループワークのなかでも、生徒がきちんと考えることのできる時間を設けています。

ここまでの内容を具体化する方法──賢者の言葉である沈黙を受け入れる

グループワークのなかに静かな時間を設けることのできる活動例を挙げていきます。

マシュマロとスパゲティだけを使って一番高い塔をつくる

これはチームビルディング活動の一種です。どのような方法がよいかについて話し合って、実際に建てていきます。制限時間の真ん中あたりで一回止めます。生徒は、今までのできはどうか、これからどのように続けていくかについて二～三分間考えます。その後、グループでそれぞれの考えを共有します。

今までの作業について、これからどうするのかをもう一回グループで話し合います。話し終わったら再び作業を続けます。

算数の時間に、いくつかの過程を踏まないと解けない複雑な問題を出す

生徒をグループに分け、学んだ算数の言葉を使って問題を解くように指示を出します。この課題をするときには、次のことを試してみてください。

問題を出したあとに、どうすれば解けるのかについて個人で考える時間を与えます。それから、グループでどのように解けるのかを共有します。共有が終わったら、また声をかけ、一人で考える時間を設けます。ほかのグループメンバーと共有したことを一人ひとりが考え、実際に解いてみることを促します。

個人での作業が終わったら再びグループになり、自分がどのように解いたのかについて改めて共有します。(15)

全体に戻ったら、各グループの代表が話し合ったことを説明し、問題を解くためのいくつかの異なる方法を共有する

この方法によって静かな生徒は、全体の話し合いのどこで貢献できるかについてあらかじめ確認することができます。

ブッククラブ

読んだ本や記事について話せるように、円になって座ります。前日の夜に読んだ本について書いたノートや付箋を持ちよって座るようにします。

会話がはじまると、教師は見守ります。なかには、無口で参加できないでいる生徒がいるかも

しれません。しばらくしたら会話を止め、これまでに話されたことを生徒が振り返り、会話に付け加えることをメモしていきます。

メモを書くだけの時間をとってください。話し合う前に自分の考えをまとめる必要がある生徒にとっては、とくにこれが必要となります。(16)

明日からやってみよう

静かな人は、生まれながらに外向的な生徒とは異なる個性をもっています。他者と常に協働作業をすることを一日中想定しなければならないことは、静かな人にとっては疲労感しか生みません。ほかの生徒と協働作業をしなくてよい「中断時間」が必要なのです。だからといって、活動しないとか学びの過程に参加しないということではありません。グループで活動することへのス

(15)　翻訳協力者から「個人思考→グループ共有→個人思考→グループ共有という流れですね。これまで、日本の学級活動や教科の授業などで行われてきたのは、個人思考→グループ共有→グループ思考→全体共有→個人思考・自己決定という流れでした」というコメントがありました。

(16)　ブッククラブの詳しい進め方や注意点については、『[改訂増補版] 読書がさらに楽しくなるブッククラブ――読書会より面白く、人とつながる学びの深さ』(吉田新一郎、新評論、二〇一九年) が参考になります。

トレスや不安から解放される時間のことです。

協働で取り組むことが求められていることは分かっていますが、それのみが最重要となる学びの形態になってはならないと思います。ほかの授業がどのように構成されているのか、教師同士で話し合ってみましょう。以下において、協働学習と個別学習のバランスの重要性を示します。

・静かな小学生が、一日中、一斉授業やグループで行う授業を受けていると想像してみてください。その生徒にとっては、中断できるのは昼食のときだけとなります。それも、その生徒が一人で静かに食べる時間を確保できればの話です。もしくは、曜日にもよりますが、図工など個人で夢中になれる時間が多い教科のときだけとなります。

・学校でのヒエラルキー(17)のなかで自分の立ち位置を見つけ、外向的な人の仮面をつけなければならない静かな中学生を想像してみてください。

・「将来のため」実社会に出る準備として、一日中教室から教室へとわたり歩き(18)、協働活動を行わなければならない静かな高校生を想像してみてください。

静かな生徒には一日のなかに中断時間が必要であり、そのような時間がないと疲労感に苛(さいな)まれるということを覚えておいてください。これらの事例では、静かな生徒に中断時間はまったくありませんでした。つまり、彼らの体力と集中力は赤信号を発していたということになります。

個人で活動する時間を設けてください。グループワークに入る前に考えをまとめる時間をとってください。静かな生徒がグループワークで輝くことができるように、規範やルールを設定してください。そして最後に、グループワークを振り返るよう生徒に促してください。この三つを導入すれば、全員にとってより楽しく生産的なグループワークができるようになります。

 自分への置き換えノート

・静かな生徒が輝くために、グループワークに代わるどのような方法を考えることができるでしょうか?

回答

(17) 日本でいうスクールカーストのようなものです。

(18) 前掲したように、アメリカの中学や高校は各教室に教師が来るのではなくて、各教科の教室を生徒がわたり歩く形式になっています。

・静かな生徒の考えや意見をグループワークで尊重するために、どのような方法を試してみることができるでしょうか？

回答

・静かな生徒のために、グループワークのやり方をどのように工夫することができるでしょうか？

回答

静かな生徒も存在感を示せるグループワークのあり方について、同僚や教師仲間と話題にしたり、失敗談や成功談を語りあったりしてみませんか？

落ち着いて、見守って
——生徒の反応の質を高めるために

静かな者を恐れなさい。彼らこそ考えているのですから。（作者不明）

教育学部の授業や教育実習のなかで、「待つこと」について学んだと思います。「待つ」とは、あなたが質問をしてから生徒の反応があるまでの時間のことです。この時間は、反応する前に生徒が考えをまとめるために設けられています。ある研究者は[1]、「教師は、答えの声がなかったり、誰かに答えるように促してから一秒すら時間を与えないという傾向があります。もし、教師が待つ時間を最低三秒設ければ、生徒の授業参加は増し、答えはより詳細になり、より複雑な思考[2]も増え、学力試験の結果も大幅に向上するでしょう」と言っています。

（1）Keeley と Tobey が、『Mathematics Formative Assessment（数学の形成的評価——評価、授業、と学びを結ぶ七五の実践的方法）』（未邦訳）のなかで指摘しています。
（2）創造的、論理的、クリティカルな思考を指します。

私たちはみんな、「待つこと」は教育上一番効果があるものだと学んできたはずです。にもかかわらず、私も含めて教師は、急いで反応を求めてしまうという傾向があります。授業で扱う内容はたくさんあります。すべての内容を伝えるために急ぐ必要があるというわけです。

このようなことを、誰もが自分に言い聞かせたことがあるのではないでしょうか。目の前に、一生懸命考えようとしている生徒がいるにもかかわらずです。あなたも、あなたの生徒も、そしてあなたの周りの人たちも、次ページのツイッターの投稿に同意するのではないでしょうか。

では、「待つこと」のさらなる理解を深めるために、「第二の待つこと」を考えてみましょう。「第二の待つこと」とは、生徒が答えたあとに教師が反応するまでの時間を指します。生徒が答えたあと、教師も含めて次の人が反応するまで三〜五秒間待つことを意味します。

静かな生徒にとって、「待つこと」と「第二の待つこと」はとても有効です。多くの静かな生徒にとっては、突然の質問に答えるとか、突然指名されるということは、考えるだけで生きた心地がしないものです。

反応する時間をとらないことは、静かな生徒だけでなく、すべての生徒に

急いで答えを求める場合は、しっかりと練られた答えを導くための、深く考える時間を十分に与えていないということになります。

カールソン・ブラウン

　ある生徒が、授業で突然質問をされました。少しして、「ちょっと待ってください。頭が悪いんじゃありません。パニックになっているだけです」と言いました。私もそう思いました。私の隣の人もそう思いました。あなたの母もそう思ったはずです。世界中がそう思いました。

とって不利益となります。急いで答えを求める場合は、しっかりと練られた答えを導くための、深く考える時間を十分に与えていないということになります。また、手を挙げるのが遅い生徒は、自分の意見には価値がないと思ってしまい、参加しようとする意欲を失ってしまいます。

　生徒が質問について考える時間をもち、考えをまとめ、それを教室全体の会話にどのように加えられるのかについて考えるために、授業のペースを緩めましょう。それは、静かな生徒だけでなく、すべての生徒のためになります。

　少しやり方のヒントを示します。私は、生徒が答えたいときには「手を頭の上に置くように」と伝えています。この方法をとれば、私の注意を引くために手を振ったり、叫んだり、「こっち、こっち」といった映画の一場面のような状況を避けることができます。

　あなたが指名したときの静かな生徒を想像してみてください。彼らは賢く、能力があり、答えることができると思っていますよね。でも、実際には手を挙げることはなく、単純な回答であっても、自分の答えを発表することがありません。なぜ、そのようなことが起こるのでしょうか？

一つの可能性として考えられるのは、情報を処理するだけの十分な時間がないということです。効果的な質問の仕方とすべての生徒が答えられる方法について知りたい方は、コニー・ハミルトン（Connie Hamilton）(3)が著した『質問・発問をハックする』（新評論、近刊）を参照ください。

また、『内向型を強みにする』（マルティ・オールソン・レイニー／務台夏子訳、パンローリング、二〇一三年）という本には、次のようなことが述べられています。

> 内向型と外向型がそれぞれどの神経伝達物質を使っているかを知ることは、きわめて重要です。内向型の人はアセチルコリン、エネルギー保存、副交感神経と結びついています。長いアセチルコリン経路は、意識レベルが調節される場所から刺激が入り、まず刺激を弱めます。その後、思考、学習、理論づけが行われ、環境への適応をうながして、長期記憶を中継します。最後に感情中枢（内向型にとって、感情を思考へと結びつける場所）にたどり着きます。（邦訳書、七五ページから引用）

分かりやすく言うと、すぐに反応しない人たちは、そうでない人と比べると、自分の考えを吟味して結論に至るまでに時間がかかるということです。このようなことを踏まえると、反応する

前に自分の考えを整理する時間や、考えや思いを共有・発表する前に個人で考える時間をとることの大切さが分かります。(4)

また、ブリア・ピアス（Bria Pierce）が「親愛なる静かな人たちへ　内向的な人たちと繊細な人たちのためのコミュニティー」（https://introvertdear.com/）に寄稿したブログ「私の内向的な脳は情報処理に時間がかかりますが、それでよいのです」（https://introvertdear.com/news/introvert-brain-takes-longer-to-process/）では、次のように書かれています。

> ほとんどの人の場合、脳は単純に情報を処理します。多くの内向的な人は、情報処理をはじめる前に自分の考えをめぐらせる必要があります。長期記憶を呼び起こしながら、より深く思考し、今考えていることと既存の知識を統合しながら脳の中をめぐらせていきます。そして、結論に至るのです。
>
> これが、内向的な人たちの発言が、今までの話し合いをはたと止めることのできる理由です。その発言が、自分のもっている知識や理解していることをすべて使った深い思考の極致

---

(3)『宿題をハックする』（前掲、新評論）の共著者でもあります。

(4) こうした時間を確保することは、内向的な生徒はもちろん、外向的な生徒にとっても、思いつきの発言を防ぎ、じっくりと考える習慣を身につけるために必要となります。

であるからです。そして、これは、このような発言がそう簡単には発信されない理由でもあります。

 混乱と考える時間

私は、社会的環境に適応することで教師になった内向的な人を知っています。彼女は、自分のことを「静かだ」とは言っていませんし、周りの人は彼女のことを「よくしゃべる人」だと言うでしょう。しかも、人前で話すことが得意です。

でも、大人数が集まる環境では静かにしています。部屋の後ろや隅にいて、声をかけられないようにしています。しかし、年を重ねるにつれて自分のことをより理解するようになり、このような場面でも発言する必要があるのだということを理解するようになりました。社会的環境のなかで自分が何を必要としているのかについて理解することが、同じように大人数の場面で静かにしている生徒が何を必要としているのかについて理解するきっかけとなります。

まず彼女は、時間が必要であることに気づきました。大人数の状況で急に指名されると緊張感が高まります。話すのが怖いからではなく、自分の考えをまとめ、発言するのに時間が必要だからです。指名されると、すぐに答えなければならないというプレッシャーを感じ、幾度となく何

を言っているのか自分でも分からないような発言をしていました。そのため、言いたいことがはっきりするまで、黙っていることが多くなりました。

このような経験から、彼女は生徒に考える時間を与えるようになりました。授業をはじめる前に、その授業の質問内容やガイドラインを生徒に示すことができれば、より一層よい環境になります。なかなか発言ができなかったという経験をもっている教師は、自分の経験から、待つ時間の大切さを十分に理解しています。

時間と環境が鍵

小学校三年生のとき、フアンはとても静かな生徒でした。一人で学ぶことのほうが好きで、クラス全体での話し合いのときには、みんなから遠くに座るようにしていました。でも、担任の教師は、無理やりグループに参加させようとはしませんでした。また、フアンが自分から質問をする子どもでないことを知っていたので、自習のときなどに個人的に声をかけていました。

どうしてもグループで活動をするときには、そのなかでどのような役割を担いたいのかを選ばせ、人前で発言しなくてもよい役割を担ってもらっていました。時には、各メンバーがどのような貢献をしたのかをグーグルの共有ドキュメントにメモする係をしてもらい、彼の意見をグループのほかのメンバーがクラスに紹介するといった工夫をしていました。

歳月が経つとファンも、自分がいつ、どのような形であれば参加しやすいかが分かってきました。時には発表したり、絵を描いたり、文章を作成したり、記録をとったり、ポスターをつくりはじめました。時と場合によって、自分ができる役割を選ぶようになったのです。

いずれにしても、ファンは常に熱中して取り組み、授業の狙いを達成できていることを自分にとって心地よい方法ではっきりと示していました。ファンにとって必要だったのは、情報を処理する時間や環境を、自分に適したやり方で彼自身が選べる環境だったのです。

ここまでの内容を具体化する方法——情報を処理するための時間と環境を整える

「1、2、3」まで数えてください。待つ練習をしてみましょう。そして、これから紹介するなかから、情報を処理するための時間と環境を静かな生徒に提供する方法を選んで、試してみてください。

「考えるための台紙」を使ってリハーサルする時間を提供する

「待つこと」や「第二の待つこと」と同じように、生徒にリテラシー(5)を教えてきた経験から、発言する前に考える時間をとる方法を編みだしました。約一〇年前にコロンビア大学のティーチャーズ・カレッジ（Teachers College）が主催した「リーディング＆ライティング・プロジェクト[6]参加者の土曜日の同窓会」でのことでした。

　あるワークショップで、生徒が読んでいる本の紹介を準備するツールとして、「考えるための台紙」を紹介していました。一番簡単な方法は、生徒が発言する前に、自分が考えていることを書き留める紙を使うことです。私がお気に入りの「考えるための台紙」は、ラミネートしたＡ３版の紙に付箋やホワイトボード用のマーカーを使うというものです。台紙の真ん中に線が引かれてあり、ペアで活動をするときも、質問に対するそれぞれの考えや答えを書く場所があります。[7]

　教師が質問をしたり、考えるきっかけを与えたりし、生徒は付箋に自分の考えを書きます。書き終えた付箋を自分の「考えるための台紙」に貼ったり、マーカーで書きこんだりします。口頭

（５）アメリカではリテラシーとして、「読むこと」と「書くこと」を別々に教えたり、統合して教えたりしています。

（６）これは、『リーディング・ワークショップ――「読む」ことが好きになる教え方・学び方』（吉田新一郎ほか訳、新評論、二〇一〇年）の著者であるルーシー・カルキンズが約三〇年前に設立した新しい読み書きの教え方を普及するための組織です。『ライティング・ワークショップ――「書く」ことが好きになる教え方・学び方』（小坂敦子ほか訳、新評論、二〇〇七年）の共著者であるラルフ・フレッチャーとジョアン・ポータルピも設立メンバーでした。

で共有する前に、台紙をひっくり返して互いのアイディアを読み、反応を書きこみ、相手に返します。

戻ってきた相手の書きこみを読む時間をとり、その内容を消化するための時間をとります。それから、ペアのどちらかから話し合いをはじめます。

「考えるための台紙」は、ペアや小グループでの活動に適しています。その後、私はこの方法を文学の話し合いだけでなく、ほかの教科でも使うようになりました。

授業の鍵となる質問を提示し、生徒が考えをまとめたり、自分のノートを見直したりできるようにする

静かな人には、情報を吟味し、よい問いを考え、また意味のある反応をするために時間が必要です。生徒が教室に入ったときに、その授業の目標／目的や鍵となる質問が毎回提示されていると、授業や活動に一貫性を求める静かな生徒だけでなく、不安を抱える傾向が強い生徒にも効果的となります。

選択肢を与える

ファンが三年生のときにしていたように、どのような形で参加するかについて生徒が選べるよ

うにするのです。活動によって、絵を描いたり、みんなの意見を記録したり、文章をつくったり、グーグルの共有機能を使って展示物をつくったりなど、生徒が自由に参加の仕方を選べるようにします。

小学校では、一日のスケジュールを見えるところに示しておく

私のクラスでは、生徒が登校してくると、朝の時間に何が行われるのかが分かるように掲示しています。こうしておくと、当日に起こることが事前に分かっていたほうがよい生徒には安心感を与えますし、ほかの生徒も、これから起こることに対して興味をもつことができます。

いずれにしても、こうすることで、今日は何に集中しなくてはいけないかを思い出させてくれ

(7)　翻訳協力者である小学校低学年の教師は、生徒が「リハーサル」の機会をもてるようにするために、「博士に自分の考えを説明する」という活動を行っています。彼女の授業では、教室の壁に博士の絵が貼られています。植物について書かれた文章を読むときには「植物博士」が、動物について書かれた文章を読むときには「動物博士」が登場します。生徒は、自分の考えをノートやワークシートに書いたあと、ペアや全体の場で話す前に、「博士」に自分の考えを説明します。こうした活動のメリットは次の二点にあります。一つ目は、自分の書いたものを声に出して読むことで、誤字・脱字や文章のねじれ、飛躍などに自分で気づいて修正が行えるようになり、自分の考えに自信をもてるようになることです。二つ目は、ほかの生徒が「博士」に話している間、教師が遅れがちな生徒を見抜き、個別に対話する時間がもてるようになることです。

ます。もし、脱線しても本題に戻ることができます。少しでもいつもと違うスケジュールだと気持ちが悪くなる生徒のために、違う予定がある場合は必ず掲示します。たとえば、全校集会、ゲスト講師、特別行事などがそれにあたります。

中学校以上では、一週間の予定やシラバスを示しましょう

私が五年生から七年生の英語を教えていたときです。「グーグルカレンダー」を共有して学習予定を示したり、全校集会や特別行事の日程を示したりしました。(8)

内向的な生徒は、事前に準備をするといった傾向があります。共有カレンダーなどの使用は、学習内容やそのほかの行事を示したり、課題の締め切り日を提示しておくことなどに役立ちます。共有カレンダーは、あなたが使っている学習管理システムがあればそれを活用すればいいですし、もしなければ、ホワイトボードに書かれているカレンダーを、教室の見やすい場所に置くだけでもいいでしょう。

明日からやってみよう

実際には一秒もかからないような答えを、ずっと待ち続けていたように思えるかもしれません。

リハーサルをするための時間をとろうと考えてみてください。沈黙を恐れないでください。生徒に対して考える時間を提供してください。自分の考えをまとめるための時間を提供してください。沈黙の時間が耐えられなくて、一番に手を挙げた生徒を指名するといったことをやめてみてください。

決して簡単なことではありません。でも、いつもクラスの注目を集める生徒からほかの生徒に目を配ることには役立ちます。ぜひ、クラス全体に注意を払ってみてください。そして最後に、見通しを立てることができるスケジュールやカレンダーを活用して、鍵となる質問を提示してください。

さらに、こうしたツールがすべての生徒に提供できる精神的なサポートになっていることの価値について考えてみてください。

（８）訳者は中学校で働いていたとき、週に一度発行する学級通信で同じような取り組みを行っていました。Ｂ４版の一枚紙で、左側にはその週の出来事や生徒の様子を（時には本の紹介を）、右側には来週一週間の時間割と一か月先までの行事予定・提出物を示していました。なぜ右側のページをつくったかというと、生徒と訳者自身が見通しをもてるようにするためです。また、保護者にも内容を確認していただき、忘れ物を未然に防ぐことを目的としていました（生徒が学級通信を保護者に見せないときがあるため、一か月前から繰り返し示します）。こうすることで、生徒の忘れ物は減り、生徒に提出物を催促する嫌な時間から解放されました。

自分への置き換えノート

・二人組の活動で「考えるための台紙」を使える授業を計画してみましょう。どの授業で使いますか？

回答

・一週間、待つ時間を増やしてみましょう。今まで静かだった生徒の参加度に変化はありましたか？　取り入れるのは難しかったですか？

回答

「待つこと」と「第二の待つこと」の大切さについて、同僚や教師仲間と話題にしたり、失敗談や成功談を語りあったりしてみませんか？

おわりに——静かな子どもたちを無視することはできない

毎年、新しい生徒を迎えるたびに、一人ひとりの生徒、とくに静かな生徒の学びを育む教室環境を整えるとはどういうことなのかという新しい学びがあります。とかく私たちは、生徒を全人的に捉えるとか、学びの社会的・感情的側面を育てる環境づくりといった議論をよくするものです。しかし、生徒の個性やタイプを視野に入れた議論はどうでしょうか？[1]

私たちは個性をもって生まれてきます。それは、変えることのできない、私たちが私たちであるための特徴です。もって生まれたものなのです。少なくとも、全体の三〇パーセント程度は内向的な生徒なのです。学校は、そのような生徒が居心地のよい学級づくりをもっとできるはずです。ほかの特性をもつ生徒に対して教育環境を整える場合と同じなのです。

内向的な生徒は、現在のような学校環境では見過ごされたり、誤解されがちとなっているほか、

(1)　残念ながら日本では、これらの側面についてまだその必要性が認識されているとは言いがたい状態が続いています。今、これをテーマにした本を数冊訳しはじめていますのでお楽しみに！

刺激過多といった環境のなかで過ごしています。静かな生徒が何を必要としているのかを理解するために、教師は彼らの学習スタイルやコミュニケーションスタイルを年度の早い時期に把握する必要があります。次のような問いを念頭に置いて生徒とかかわれば、どのような生徒が自分の目の前にいるのかについて理解することができます。

❶生徒はどのように互いにかかわりあい、サポートをしあっているか?
❷一日を通して、それぞれの生徒は自分のエネルギーをコントロールするのに、どのような方法を使っているか?
❸自分の考えやアイディアを構築するために、どのように時間を使っているか?
❹授業へ臨むにあたり、どのような準備をしているか?
❺生徒が夢中になっている様子とはどのようなものか?
❻グループ活動をするとき、生徒は自分の強みをどのように使っているか?

学校は、外向的な生徒には適した環境となっています。常に音があふれ、忙しく、授業時間内に学び、遅刻をしないなど、いつも時間に追われています。昼食や休み時間でも、このようなせわしない環境から逃れることができません。

ほとんどの内向的な生徒にとって、学校での一日は、常にエネルギーを吸い取られ、疲れるものなのです。生徒にとっても、教師にとっても、静かな時間を見つけることが容易ではありません。だからこそ、学校や教室で内向的な人がエネルギーを充電する機会を設ける必要があるのです。静かな時間やエネルギーをコントロールする活動を取り入れる必要があるのです。要するに、内向的な人を第一に考えた環境づくりが必要だということです。

このような話をすると、学校からはよく図書館という場所が挙げられます。でも、図書館はメイカースペース[2]など、ほかの用途ですでに使われています。したがって、教師には自分の教室において静かな場所をつくることが求められます。その際、視覚情報や聴覚情報に気をつけてください。何にも邪魔されることなく、一人で活動できそうな場所を探してください。そして、必要であればヘッドホンなど、音を遮断するものが使えるようにしてください。そうすることで、内向的な生徒は集中することができるのです。

グループ活動や参加の仕方がどのようになっているのかについて、見直してください。このことを、新年度を迎える前の「やることリスト」に含めてください[3]。

（2）生徒たちがさまざまな資材を使って自由にものをつくりだす場所のことです。

（3）アメリカなどの多くの国では新年度は長い夏休みのあとなので、これが可能です。日本の場合は春休みではなく、「夏休みの間」にしたほうが現実的かもしれません。

協働やチームワークは、人生において、また仕事においても必要な要素です。昨今の社会では、クリティカルな思考力や問題解決能力が求められています。授業におけるグループ活動と個人活動のほどよいバランスを見極めることが大切です。静かな生徒の声を聴くために、テクノロジーを使ったり、今まで使ってこなかった方法を取り入れたりすることが鍵となります。また、グループワークをするときの規範を生徒と一緒につくることは、すべての生徒にとって有効となります。さらに、研究によると、発言する前に自分の考えをまとめる時間を設けることは、発言内容の質を高めるために有効であることが示されています。

教師として私たちは、静かな生徒にどのように学べと言っているのか、と考え直すべきです。私たちが彼らの考えに価値を置き、才能に気づいていることを彼らに分かってもらう必要があります。芸術家、詩人、科学者、文豪、エンジニア、発明家など、静かな人たちがいない世界を想像することができますか？　静かな子どもたちを無視することはできません。

訳者紹介

古賀洋一（こが・よういち）

島根県立大学で国語教育を教えています。私自身、本を読んで他の人と交流するよりも、一人でじっくり考えることを好む生徒でした。中学校の教員時代にある生徒と出会ってから内向的な生徒の存在に関心をもち、その強みと可能性を確信し続けています。

山﨑めぐみ（やまさき・めぐみ）

創価大学　教職大学院で教えています。海外生活もあり、「外向的な人のマスク」をかぶることが習慣化していると思います。教室の中で、生徒・学生が自分らしく能力を発揮できるよう、環境・ツール・働きかけを試行錯誤していきたいと思っています。

吉田新一郎（よしだ・しんいちろう）

少なくとも３分の１、多いと半分以上いる内向的な人たちを無視・軽視する授業や接し方が横行しているという事実を知ったら、あなたはどうしますか？　質問や問い合わせなどは、pro.workshop@gmail.comにお願いします。

静かな子どもも大切にする
――内向的な人の最高の力を引き出す――

2021年７月25日　初版第１刷発行

訳者　古賀洋一
　　　山﨑めぐみ
　　　吉田新一郎

発行者　武市一幸

発行所　株式会社　新評論

〒169-0051
東京都新宿区西早稲田３-16-28
http://www.shinhyoron.co.jp

電話　03(3202)7391
FAX　03(3202)5832
振替・00160-1-113487

落丁・乱丁はお取り替えします。
定価はカバーに表示してあります。

印刷　フォレスト
装丁　山田英春
製本　中永製本所

Printed in Japan
ISBN978-4-7948-1187-5

新評論　好評既刊　　あたらしい教育を考える本

スージー・ボス＋ジョン・ラーマー著／池田匡史・吉田新一郎　訳

プロジェクト学習とは

地域や世界につながる教室

生徒と教師が共に学習計画を立て、何をどう学ぶかを決めていく。
人生や社会の課題解決を見据えた学び方の新たなスタンダード。

四六並製　384 頁　2970 円　　ISBN978-4-7948-1182-0

L・S・レヴィスティック+K・C・バートン／松澤剛・武内流加・吉田新一郎 訳

歴史をする

生徒をいかす教え方・学び方とその評価

暗記型・テスト中心のつまらない歴史学習はもうやめよう！
多元的民主主義を支える主体者意識を育む歴史の授業実践法。

四六並製　376 頁　2640 円　　ISBN978-4-7948-1177-6

冨田明広・西田雅史・吉田新一郎

社会科ワークショップ

自立した学び手を育てる教え方・学び方

「教科書をなぞる」一方向の授業はもうやめよう！
生徒が主体的に学ぶワークショップ形式で教室が生き生きと変貌。

四六並製　364 頁　2640 円　　ISBN978-4-7948-1186-8

ダン・ロススタイン＋ルース・サンタナ／吉田新一郎 訳

たった一つを変えるだけ

クラスも教師も自立する「質問づくり」

質問をすることは、人間がもっている最も重要な知的ツール。
大切な質問づくりのスキルが容易に身につけられる方法を紹介！

四六並製　292 頁　2640 円　　ISBN978-4-7948-1016-8

デイヴィッド・ブース／飯村寧史・吉田新一郎 訳

私にも言いたいことがあります！

生徒の「声」をいかす授業づくり

一方通行で挙手を待つような講義型授業はもう終わりにしよう！
子どもたちが自ら「声」を発するのを支える授業のための手引き。

四六並製　348 頁　2640 円　　ISBN978-4-7948-1175-2

＊表示価格はすべて税込み価格です